守備の力

井端弘和

Hirokazu Ibata

“控え”のままで終わるつもりはない

あくまでもレギュラー入りを目指す

守備の力

井端弘和

光文社新書

はじめに

　僕はドラフト五位でプロ野球の世界に入った。ドラフト五位の人が三年後、五年後にどれだけ残っているか調べたことはないが、一位の人に比べて少ないことは間違いない。その意味で、プロのスカウトの目は正確だ。

　自分の選手生活を振り返っても、入団から二年が過ぎた時、クビを切られるのではないかと真剣に悩んだことがある。それでもなんとか十七年間メシが食えたのは、ひとえに守備のおかげだと思っている。

　よく「守備にはスランプがない」といわれる。打撃には好不調の波があるが、守備はいつもコンスタントに力を発揮できる。僕はそこにもうひとつ、こう付け加えたい。

「守備は練習の見返りが必ずある」

　もちろん打撃も練習で上達する部分はたくさんある。でも、遠くに飛ばす能力は練習では身につけることができない。身長一七三センチ、体重七三キロの自分がいくらウエートトレーニングをしたり素振りを重ねたところで、松井秀喜さんみたいな長打力を身につけるのはとうてい不可能だ。

それに比べると守備の場合は、身体能力や素質といった要素も無関係ではないが、正しい練習を時間をかけてやれば必ず成果が表れるものだ。

僕はプロに入って三年目、このままいったら将来はないと危機感を持った時、守備にすがることにした。ともかく守りでプロのレベルに達するようになる。守備は大丈夫だと信頼されるような選手になる。そうすれば打撃はあとからついてくるだろう。そうやって練習に向き合っていった。いい先輩や指導者に恵まれたこともあり、この方針は思った以上にうまくいき、僕をプロの世界につなぎ留めてくれた。

この本を書くときに考えたのはまさにそのことだ。身体的な資質に決して恵まれたわけではない者が長くプロでやってこれたのは、内野手としての守備を徹底的に磨いたからだ。その体験を伝えることで、自分は素質がないんじゃないかとか、上のレベルでプレーするのは難しいと悩んでいるような人に多少なりとも勇気を与えられるのではないかと思う。

長く現役をつづけていると、選手生活をそろそろ終わりにしようかと悩んだりする転機が必ず訪れるもの。自分の場合は二〇一〇年から二〇一一年にかけての目の病気と、二〇一三年のケガと不調だった。目の病気の時は治療の成果がなかなか現れず、とても現役は無理だと思ったことも何度かあった。それでも家族の励ましなどがあって何とか乗り切ることができた。

二〇一三年は春先にWBCに出場してそれなりに評価される働きができたと思ったら、シーズンに入るとなかなか調子が出ず、そのうちに足の負傷などで長く一軍を離れることになった。オフにはドラゴンズとの契約を解消し、このまま終わるのかと思っていた時、運よくジャイアンツから声がかかり、現役をつづけることになった。その間、リハビリにも時間を割《さ》かなければならず、いいことと悪いことが次々に襲ってくるジェットコースターみたいな一年だった。

ジャイアンツでの初めてのキャンプも体調を手探りするような感じで進めた。しかし、シーズンが開幕するころには足の手術をする以前とほぼ同じ体調に回復し、ペナント争いやクライマックスシリーズではある程度チームに貢献することができたと思う。

もうやり残したことはないだろう。そんなことをいう人もいるが、とんでもない。ユニフォームを着ている以上、自分は控えで終わるつもりは全くない。内野のどのポジションでもいい、もう一度レギュラーの座をめざそう。決して意欲は衰えていない。

そういう意欲を持ちつづけることができる理由はなんだろう。考えてみた時、ふと浮かんだのが「守備の力」という言葉だった。大きな期待を集めてプロに迎えられたわけでもなく、体格も小さい。ドラフト五位という評価も当然という選手が十七シーズンも現役をつづけることができたのは、ひとえに若いころ死に物狂いで取り組んだ守備のおかげだ。

守備の練習を徹底してやることで、守備が上達しただけでなく、打撃に意識を向ける余裕も生まれた。プロとしてのコンディショニングや練習方法も、守備を鍛える中で学んだものがほとんど。自らを支えてくれた守備の力とはどんなものだったか。それをじっくり振り返ってみたいと考えたのがこの本を書く一番のきっかけだ。

ファンの皆さんには自分の人生や生活とプロ野球を重ね合わせてみる方も多いと思う。学校でも職場でも、才能や運に恵まれた人もいれば、そうでない人もいる。でも、才能に恵まれていないというだけであきらめてしまうのは本当にもったいない。体格、才能に決して恵まれていたとはいえない選手が、守備の力を支えにどうやってプロ生活を送ってきたか。その中から読者の方にも何かヒントを見出していただければというのが僕の切なる願いだ。

目次

目次

目次

第四章　打撃の真実　〝井端＝右打ち〟ではない

第一章

〝打倒巨人〟から〝わが巨人〟へ

自分でも現実とは思えなかった日

二〇一三年の十二月三日、僕は生まれてはじめてジャイアンツのユニフォームにそでを通した。入団会見の席でユニフォームを着せてもらい、帽子をかぶった。ジャイアンツに入団することが決まったのは一週間前の十一月二十六日。十月にドラゴンズと契約しないことになったあとも、自分がジャイアンツの一員になるなんて考えたことはなかった。それどころか、プロ野球選手としての生活を続けられるかどうかさえ見通しが立っていなかった。だから実際にユニフォームを着せてもらっても、現実のことだとはなかなか考えられなかった。

川崎の出身で、高校、大学は東京で過ごした僕にとって、ジャイアンツは特別な存在だった。特にファンだとか、どの選手に憧れたとかいうことはなかったが、プロ野球といえばまずジャイアンツを思い浮かべることが習慣になっていた。自分が子どものころは、まだジャイアンツの多摩川グラウンドが使われていて、そこで一軍の選手が練習することもあった。多摩川をはさんだ向こう岸で練習をしているプロの選手がいたら、そこに親しみを持つのは当然だろう。

だが、大学を卒業して、ドラゴンズに入団し、十六シーズンもドラゴンズの一員としてプレーしてきた僕にとって、ジャイアンツは子どものころと違い、一番遠い存在になった。

優勝するにはジャイアンツを倒さなければならない。なにをおいても打倒ジャイアンツ。入団した時の星野仙一監督も、長くその下でプレーした落合博満監督も、ジャイアンツには特別な闘志を燃やして戦っていたし、先輩選手はもちろん、球団のフロント、スタッフ、ファンもジャイアンツ戦となると目の色が変わった。そういう中でプレーしてきた。だから、ジャイアンツの一員としてフラッシュを浴び、記者のかたの質問に答えるなんて自分でも信じられなかったのだ。

監督が選んでくれた背番号

ジャイアンツが僕に用意してくれた背番号は2だった。ジャイアンツのひとケタ台といえば伝統のある重い背番号だ。２番はそれまで小笠原道大さんがつけていた。小笠原さんは僕と入れ替わるような形で、ドラゴンズへの移籍が決まっていた。だから、単純に考えればそれを引き継いだだけかもしれない。ただ、さかのぼると元木大介さんや盗塁王の松本匡史さん、大先輩の広岡達朗さんなどもつけていた背番号だ。ドラフト一位の期待の新人だとか、FAで移籍した大物だとかいった選手がつけてもおかしくはない。それを用意してくれた球団に、心遣いと期待の大きさを感じた。あとで聞いたが、背番号は原辰徳監督が選んでくれたのだそうだ。

ジャイアンツでひとケタ台の背番号をつける。今の子どもたちはわからないが、僕くらいの世代の人間にとっては幼いころからの夢であり、憧れだ。それが四〇歳間近になって思いがけない形で実現したのだ。

球団事務所でやった入団会見は、グラウンドでのプレーでは経験したことがないほど緊張した。報道陣の数が多かったこともあるが、やはりジャイアンツの重みみたいなものを感じたからだと思う。

「不安もありましたが、ホッとしています。まさかこうなるとは思っていなかった。楽しみですけど、まさか……」

「自分がこの背番号でプレーしている姿は全く想像できないですね」

話したことはほとんど忘れてしまったので、あとから新聞記事で確認したのだが、おかしいのは何度も「まさか」という言葉を口にしていることだ。全く意識していなかったが、予想外の出来事だという気持ちが「まさか」の連発に表れていたのだろう。

絶望的と見られたレギュラーの座

ジャイアンツが僕を入団させたねらいは、いろんなところで解説されていた。レギュラー陣の底上げだとか、若手への刺激だとか。一方で、一番長くやってきたショートのポジションには若い中心選手の坂本勇人がいる。セカンドにもライオンズで活躍していた片岡治大《やすゆき》がFAで移籍してくる。だから井端がレギュラーで起用される可能性は低いという見方もあった。

でも、僕はそういういろんな見方はほとんど気にしなかった。

「自分を見失わず、自分のプレーに専念したい」

入団会見でも、そう話したことだけは覚えている。それが正直な気持ちだった。野手では生え抜きの高橋由伸と並んで僕が一番年上になることは知っていた。ドラゴンズには谷繁元信選手兼任監督や和田一浩さんなど僕より年上の野手もいたが、一番年上となれば、若い人から見られてもはずかしくないプレー、練習、生活態度を見せなければならない。それは理解していた。

だからといって、コーチではなく現役選手として入団した以上、若い選手へのアドバイス役やチームのサポート役で終わるつもりも全くなかった。あくまでもレギュラーとして試合に出ることを目標にする。そうでなければ現役を続けるつもりはない。口にこそ出さなかったが、入団会見の席でもそう考えていたことは間違いない。ただ、それは簡単な道のりではなかったが。

不意打ちの招集

入団会見が十二月。振り返れば、二〇一三年は本当にいろいろなことがあった。春先のWBCにはじまり、シーズンでの不調やケガ、二軍落ち、手術、そしてドラゴンズ退団からジャイアンツ入団まで。大げさにいえば激動の一年だった。野球の試合での肉体的な疲れは心地よいところもあるのだが、二〇一三年は精神的な疲れを感じることが多く、その意味ではしんどい一年だった。

はじまりは予想外のWBCメンバー選出だった。WBCの開幕は二〇一三年の三月だが、その前の年の十一月一日の夜、僕は家族との温泉旅行から戻り、翌日のドラゴンズの選手の集まりに備えていた。そこに電話が入った。WBCの監督に就任した山本浩二さんからの思いがけない招集の電話だった。

「来年のWBCの候補に入っているから、今月のキューバとの親善試合に出てくれないか」

これには本当に驚いた。僕はアテネと北京のオリンピック予選など、国際大会に出場した経験は持っていた。しかし、予選には出たが、オリンピックの本番には呼ばれなかったし、過去二回のWBCにも出ていなかった。年齢からいっても、自分に声がかかることなど、全く考えていなかったのだ。それがいきなり監督からの直電。驚いたが、あくまでも十一月の親善試合に出てくれということで、正式なメンバーではないという話だったし、なんといっても球界の大先輩、山本浩二さんからの直々の招集だ。断ることなど考えられなかった。

「福岡と札幌に旅行でも行くか」

正直にいうとその程度の気持ちでもあった。チームに合流してみると、また驚いた。三十代の後半は自分ひとりだけ。ほとんどが二十代前半の若い選手たちだ。「これなら自分が本番に選ばれることはないいな」と、勝手にそう判断した。

親善試合のあと、代表候補選手が発表されたが、僕もその中に名前があった。それを見ても、自分が侍ジャパンのメンバーとして本大会に出るとは考えなかった。親善試合に出たメンバーだから、お情けで入れてくれたんだろう。僕はWBCのことよりも、シーズンに向けての準備のほうを考えながら年を越した。

ところが、二月になり、最終的なメンバー選考になっても僕は残った。チーム最年長だったにもかかわらず。意外だったが、選ばれると急にやる気というか意欲も出てきた。国際試合では悔しい思いもしてきたからだ。

代表には苦い思い出しかなかった

先にも触れたように、僕はオリンピックの予選を二回経験している。どちらもしびれる試合の連続で出場を決めた時の喜びは大きかった。でも、本大会のメンバーには選ばれなかった。

WBCに関しても苦い思い出があった。第一回の二〇〇六年の時は、ひそかにメンバーに選ばれるのではないかと期待していた。あの時のメンバーにはメジャーからただひとり、イチローさんが参加することになっていた。当然イチローさんは一番を打つ。そのあとの二番を自分が打つことができたら。そんな想像で期待を膨らませた。僕は前の年、打率三割二分三厘、打点六十三と打撃に関しては自己最高の記録を残していて、心身ともに充実していた。

だが、当初参加しない予定だった当時ホワイトソックスの井口資仁《ただひと》さんが参加の意向を示した。メジャーリーガーで実績も上の井口さんが出るなら、自分の出番はない。そう思った僕はWBCの開幕に合わせた体づくりをやめて、シーズンに合わせた調整に切り替えた。ところが、井口さんは結局参加されないことになり、再び僕に声がかかった。しかし、調整のスケジュールを変えた僕は、出たとしても責任を果たせないと思い、辞退させてもらった。第二回の二〇〇九年は首などの故障があり、それを治すことが先決でとても満足できるプレーはできそうになかった。そんな状態だから候補にも選ばれなかったが、自分でも仕方ないと思うしかなかった。

それが三回目にして本大会のメンバーに選ばれた。かならずしもベストではない、いや目の故障なども経験し、力の衰えを認めざるを得ないなかでの選出は不思議な巡り合わせとでもいいたいほどだった。

できる限りのことはやりたい。意欲もあったが、一方で、どこか冷めた傍観者的な気分もないわけではなかった。選手の顔ぶれを見ても、主将の阿部慎之助を除けば中心になるのは投手の田中将大、前田健太、内野の坂本勇人など二十代の若い選手たちだ。新聞のスタメン予想を見ても、僕の名前はどこにもなかった。自分はサブなんだ。

ところが二月十五日の宮崎での合宿の初日、みんなと同じユニフォームでグラウンドに立つと、はじめてプロでレギュラーをねらってグラウンドに立った時の気持ちがよみがえってきた。野球選手の本能のようなものだったのかもしれない。

「サブならサブで仕方がない。でも、大事な場面で大きな仕事をやってやるぞ」

そんな気持ちが日増しに強くなって、本番を迎えた。

重苦しさをかき消した右打ち

この年の侍ジャパンの前評判は高くなかった。監督選考をめぐるもたつきがマイナスイメージになっていたし、二回続けて優勝した時の支柱、イチローさんが参加していないことも大きかった。メジャーリーグの選手がひとりもいないWBCははじめてだった。相手も、日本に三回続けて優勝させるわけにはいかないと、必死で向かってくる。格が下と思われるチームも大きな舞台では侮れないのだ。

第一戦のブラジル戦は、まさにそんな試合になった。投手陣は先発の田中将大をはじめ、みんな表情が硬い。攻撃も走者は出すが、なかなか流れをつかめない。そんな中で一点リードされた八回表、バントで走者が二塁まで進んだところで僕が代打に起用された。僕は七回にコーチから「準備しておけ」といわれ、モチベーションを高めていた。相手投手の配球にも試合の最初から注意していた。

国際試合では投手は外寄りの球で勝負してくることが多い。だから逆方向、僕でいうと右方向への打球を意識することが大事だ。直前のオーストラリアとの親善試合でもその傾向があったし、僕が現役最高の右打者だと考えているホークスの内川聖一も、侍ジャパンでいっしょになって話をした時、「自分も国際試合では右方向を意識している」と話していた。彼は第二回WBCでも活躍していたので、その言葉には重みがあった。

格下と思われていたブラジル相手に終盤まで苦戦する展開。チームとしては絶対に追いついておきたい。

「しっかり球を呼びこんで、逆方向に逆らわずに打つ」

そのことだけを考えて打席に立ち、二球目をねらい通りにライト前にライナーで持っていくことができた。打った瞬間、僕は右の拳をベンチに向かって突き出した。一塁に立った時も、ふだんあまり見せたことのないガッツポーズが自然に出た。あんな大きなガッツポーズはそれまでなかったのではないか。

これで同点に持ち込んだあと、さらに一死満塁で阿部の内野安打の間に勝ち越し点が入り、さらに追加点も挙げて、なんとかブラジルを振り切ることができた。

わずか一打席だけの出番だったが、試合のあと、ものすごい疲労を感じたのを覚えている。

僕は代打の経験があまりない。準備の仕方もよくわかっていなかった。試合開始から注意深く試合を見て、相手の傾向やゲームの流れをつかんでおかなければならないし、自分のコンディションやモチベーションも上げておかなければならない。手探りでやってみて、好結果につながったが、これなら先発で出たほうがよっぽど楽だなと感じた。

第三戦はスタメン

侍ジャパンは二戦目の中国に勝ったあと、第一ラウンド第三戦でキューバと対戦した。連勝していたので、次のラウンドに進むことは決まっていて、勝敗はあまり重要ではなかったが、僕はDHで起用されて二安打一打点と期待に応えることができた。大会に入る前はスタメンなんて考えられず、守備固めやサポートみたいな役割が中心だろうと思っていたのだが、実際にはじまってみると、意外に対応でき、コンディションもよく、結果もついてくる。これなら第二ラウンドでもなんとか貢献できるかなと手ごたえを感じた。

四カ国での第二ラウンド。キューバ、オランダ、台湾が相手だった。ひと昔前ならキューバは別にしてほかのチームなら地力からいって油断しない限り、だいたい勝てそうな相手だった。でも、第一ラウンドのブラジル相手に苦戦したように、どの国もレベルが上がっていて気を抜くことなんかできない。緊張感が高まった中で、台湾との初戦を迎えた。

台湾はヤンキースで活躍していた王建民が先発だった。高速シンカーを武器に十九勝したこともある右投手で、この時はケガのために所属球団がなかったが、体調を上げてメジャー復帰をねらっているとうわさされていた。

僕は二番セカンドで先発出場した。やはり代打やDHよりも居心地はよい。

第一打席、王の投球をじっくり見ようと待っていると、得意のシンカーが来た。だが、落ち方はそれほどでもない。この程度かと思っていたら、二球目に初球よりずっと大きく曲がり落ちるシンカーが来た。

「これがメジャーのシンカーか」

一種類ではなく、同じシンカーでもいろんな落差のものを使い分ける。やはりヤンキースで最多勝するような投手は違うと驚かされた。

それはほかの打者も同じで、王には手を焼いて、打ち崩すことができなかった。ほかの投手に交代したあと、なんとか二点を取ったが、一点リードされたまま、九回の攻撃を迎える。第二ラウンドからアメリカでの決勝ラウンドに進むのは二チーム。ひとつはキューバが有力だ。もしここで台湾に負ければ、日本はもうひとつも負けられない。

その時、鳥谷のスタートが見えた

九回、一死から鳥谷敬が四球で出塁するが、後続が倒れて二死。そこで僕の打席が回ってきた。この打席、僕はプロになってはじめてホームランをねらって打席に入った。

ベンチで見ている限り、投手は回転の素直なストレートを武器にしていたし、僕には長打はないと見ているだろうから、初球にはストレートを投げてくる確率が高い。それをホームランにするつもりで思い切り叩く。それが僕のねらいだった。

予想通り、初球にはきれいな回転のストレートが来た。ところが、一塁走者の鳥谷が、この初球の時、なんと二塁に盗塁したのだ。アウトになればゲームセット。百パーセントセーフになる自信がなければ走れない場面だ。ギャンブルともいえる盗塁は見事に成功して、チャンスが広がった。

目の端に鳥谷がスタートするのが入った。甘い球だったので、振っていれば大きな当たりになったかもしれない。でも僕はスタートが見えた瞬間、振るのをやめた。長く二番打者をしていた習慣というか、本能みたいなものだったかもしれない。

これなら単打でも同点に持ち込める。楽になったわけではないが、可能性が広がったことで、集中力は高まった。２―２と追い込まれたが、追い詰められた感じはなかった。ひとつ空振りしたことで投手のストレートの軌道がよりわかるようになったからだ。

五球目のシュート回転で入ってくるストレートをバットを返さず、そのまま叩いた。打球はセンター前に落ちた。同点。この回は同点どまりだったが、その裏の守備につく時、スタンドからは「井端」というコールが何度も送られてびっくりした。いつまでも聞いていたいような歓声だった。

試合は延長にもつれ込んだが、十回表、中田翔の勝ち越し犠飛が出て、日本はなんとか大事な台湾戦を勝つことができた。

ヒーローとして大きく取り上げられたが、この試合のあとの疲れは尋常ではなかった。いや、同点に追いついて九回の守備につくときから、コーチの人に明日の練習を免除してもらおうと申し出たくらいだったのだ。

翌日、僕は「強制的な休み」を貰って休養した。ありがたい休みだった。

運命を分けた重盗

第二戦のオランダ戦にも勝ち、日本は決勝ラウンド進出を決めた。アメリカでは準決勝でプエルトリコと対戦する。

プエルトリコとの試合は八回表まで〇対三とリードされたが、その裏に僕のタイムリーで一点を返して、反撃ムードが高まった。僕のあとの内川もヒットでつなぎ、一死一、二塁で、四番の阿部という大チャンス。

ここであとあとまで物議を醸すプレーが出た。ベンチから「次の塁に行けると判断したらスタートしろ」、球界でいう「グリーンライト」の指示が出たのを受けて、二塁にいた僕は、相手をかく乱させるつもりでスタートを切るそぶりを見せた。盗塁をねらうつもりは全くなかった。ところが、それを見た一塁の内川が僕の動きに反応して盗塁のスタートを切ってしまったのだ。あとからダブルスチールといわれたが、実際は僕のは偽装スタートだからダブルスチールではなかった。内川が僕が走っていないのに気づいたのは二塁の手前。当然戻ることはできない。アウトになって日本のチャンスは一気にしぼんだ。ヒットもつづかず、結局日本は九回の攻撃でもプエルトリコを逆転できず、三連覇の夢は断たれた。

僕もからんだ八回裏の走塁についてはいろんなことがいわれたし、僕自身もあとからずいぶん考えた。いっそのことスタートして三塁をねらう手もあったのではないかとか。ただ、僕の足の状態は若いころとは違っていた。シーズン中の盗塁もほとんどなかった。「行けたら行け」のサインは投手のモーションが大きかったので、間違いではなかったと思う。

僕は二塁に行った時、代走を使わないのかなと思った。ベンチには僕より速い選手も残っていたのだ。あとでそんな話をすると、ある人が「大会のラッキーボーイを残したいというベンチのねらいもあったのでは」と分析してくれた。

いずれにしてもいろんな見方のできるプレーだろう。僕も、いまだにどれが正解だったのかはわからない。

三連覇できず、残念な結果だったが、僕自身のプレーはある程度納得できるものだった。大会前は先発出場なんて考えもしなかったのに、代打から先発になり、大事な場面でもいい活躍ができた。選んでくれた山本浩二監督には感謝しかない。

国際経験は若い選手の糧になる

ＷＢＣで活躍したことで、三週間後のペナントレース開幕に向けて、僕は思いがけず注目されることになった。はじめて大きな国際大会に参加して感じたのは、「こういう大会は出て損はないな」ということだった。

ああいう大会で失敗すると、注目度も高いし、批判もものすごい。その分、失敗を取り返そう、もっとうまくなろうという気持ちも強くなる。練習に取り組む気持ちが違ってくるのだ。三十七歳の僕でもそういう気持ちになった。だから、若い選手にもぜひそういう舞台を経験してほしいし、出ることに意欲を持ってほしいと思う。

その前の大会でもいわれたし、第三回の時もいわれたことがある。大会の反動だ。WBCに出た選手は、シーズンに向けての調整が十分ではないし、シーズン前に緊張する場面を経験してしまうので、シーズンに入って反動が出て成績が上がらない。

しかし、僕は、そういう反動みたいなものは感じなかった。むしろ、精神的にはいい緊張感を保ったままペナントレースに入ることができた。WBCに出場するため早めの準備をしていたので、シーズンに入る時の状態は悪くなかった。緊張する試合がつづいて、疲れがなかったわけではないが、シーズン後半のような体にたまった疲れではなかった。これならシーズンでも、納得できるプレーができそうだ。

開幕直後の死球

問題はもっと直接的なことだった。

開幕直後の四月七日、ジャイアンツ戦で右足首に死球を受けてしまった。歩けなくなるような死球ではなかったので、その後の試合にも出場し続けたが、どうも違和感が消えない。いつもなら死球を受けても、骨折でもしない限り痛みは一週間か十日もあればなくなる。それなのに、その時は痛みが和らぐどころか日を追うごとに強くなっていく感じだった。立てない、歩けないといった状態ではないので、痛みをがまんしながらプレーを続けたが、なかなかよくなる兆しがない。

その間に成績はどんどん下がっていった。五月の打率は一割五分を少し超えるぐらいのひどいものだった。

七月。とうとう限界が来た。試合前のノックを受けていた時、痛みに耐えられなくなり、病院に行くことにした。検査を受けると、思いがけない診断を受けた。死球の影響はほとんど消えていた。ただ、以前から関節に引っ掛かっていた小さな骨のかけらのせいで、足首が動かなくなっているのだという。

投手がひじの痛みを感じる時は、ネズミといわれる遊離軟骨が神経を刺激していることが多いが、僕の足首も似たような状態だったのだ。悪いことに、破片が神経を刺激して痛みを生んでいるだけでなく、骨の変形にまで進んで足首を動かすことも困難になっていた。

検査の翌日、登録は抹消され、しばらく痛みを和らげる治療を受けながら様子を見ることにした。そのおかげで八月には一度復帰することができた。でも、満足のいくプレーができない。以前なら楽に捕れたような打球が捕れない。ねらい通りに来て、しめたと思った投球をきっちり打ち返すことができない。頭の中ではできると判断したことができなくなっていたのだ。

特に自分の持ち味だと思っていた内野の守備で、思い通りの動きができないのはショックだった。正面のゴロを捕ろうと腰を落としたつもりでも、足首が動かないので、腰がしっかり下りない。股の間を抜かれるのは、内野手にとって一番の屈辱だ。

打つほうでも左足をあげて右足に体重を乗せてタイミングをとる時、右足が体の重みに耐えられず、ぐらついてしまう。それをカバーするために始動が早くなり、体が突っ込んでしまう。調子の悪い時、ケガをした時もあったが、これほどひどい状態ははじめてだった。

こんな状態の選手が一軍にいられるわけがない。八月後半からは二軍で過ごすことになった。結局改善の兆しも見られないまま、シーズンは終わった。

異例の減俸提示

このままでは野球を続けることは無理だ。僕はチームとも相談し、手術を受けることにした。まず右足首。ネズミを取り除き、動けなくなる要因になっていた骨膜ひだという部分の切除もしてもらった。

僕はこの際、根本的に悪いところを取り除こうと考えた。足首はもちろんだが、右のひじも以前のケガが完全に治りきらず、古傷になって痛みを生んでいた。それも治してしまおう。足首の手術から一週間ほど後、右ひじの関節形成術と尺骨神経の移行手術をしてもらった。ひじの状態を整え、なくなっていた神経をほかの箇所から移し換えたのだ。

手術を受けた直後、足首は曲がらなかった。ひじも固定したまま。プレーうんぬんより日常生活がまともに送れない状態だった。リハビリでどこまで回復するか。手術は順調だったので、落ち込んだりはしなかったが、先の見通しも立たない。

手術から間もなく、ドラゴンズとの契約交渉になった。先の見通しが立たない選手に、厳しい提示がされるだろうとは思っていたが、示されたのは八十八パーセントの減俸という厳しいものだった。このオフから、ドラゴンズは落合元監督がGMに就任された。その最初の仕事といってもいい僕との交渉で、厳しい数字を示したことで、周りは「落合さんが井端を実質的に切ったようなもの」などと書きたてた。僕もこの数字を見て、「自分はほとんど必要とされていないんだな」と理解した。

だからといって、それをうらんだり、腹を立てるようなこともなかった。

「チームが自分をほんとうに必要とするかどうか。それだけが基準だ」

落合さんは監督のころからそういわれていた。僕もその言葉には同感だった。プロは実力の世界。人情だとかしがらみで契約していては、チームにも本人にもいいことはない。

僕は大幅減の提示を聞いて、ドラゴンズとは契約しないことを決めた。プロに入ってから十六年、ドラゴンズだけでプレーしてきたのだ。当然さびしい気持ちもあったし、悔しさもあった。体の状態も先が読めず、野球そのものを辞めてしまおうかとも考えた。

僕は前に目の不調で戦列を離れたことがある。その話はあとでくわしく書くが、その時も辞めなければならないかと思ったことがあった。ただその時は若かったし、野球への執着も強かったので、何が何でも治して復帰してやろうという気持ちのほうがはるかに強かった。

それに比べると、今度のケガではガツガツした執着みたいなものは少なかった。ドラゴンズを出て、どこからも声がかからなかったらそれでおしまいだ。どこか淡々としたところがあった。

ただ、リハビリをしないと、野球どころか日常生活にも支障が出る。階段も上り下りできない、車の運転もできないでは、妻や子どものいる人間として周りに迷惑をかけるだけだ。

支えはリハビリを続ける中で、日々、よくなっている感覚があることだった。この分なら年内にも日常生活の支障はなくなるだろう。そうなったらトレーニングも進めることができる。声がかかるかどうかは別にして、ともかくリハビリをがんばろう。

最初のオファーで即答

ドラゴンズを離れ、「無所属」でリハビリをしている僕の行く先について、いろんな記事が出るようになった。特に日本シリーズが終わると、「あそこと会っている」「どこそこが有力」などと、僕も知らないような内容の記事が出てびっくりさせられることもあった。ただ、正式なオファーはまだなかった。

その中で、最初に正式に声をかけてくれたのがジャイアンツだ。十一月の二十日過ぎだった。推測の記事には名前が挙がっていたが、まさかジャイアンツが僕に声をかけてくれるとは思っていなかったのでまず驚いた。

でも最初に声をかけてくれたのは確かだし、まだ野球ができるかどうかもわからない僕をほしいといってくれる気持ちもうれしい。ほとんど「即答」で僕はジャイアンツ入団を決めた。

入団を決めると、リハビリに取り組む気持ちもより一層強くなった。十二月いっぱいは朝から夕方まで、びっしりメニューを組んでもらい、一日も休まず手術を受けた病院に通った。年が明けてからは、自分で探してきた施設で。一月末からの合同自主トレも含めて二月一日のキャンプ初日まで、一日も休まなかった。

寒い時期のリハビリ。寒さのせいで、「今日は痛いな」と感じる日も時々ある。十二月に入ると、走ったり、ボールを投げたりも少しずつできるようになったが、そうなると思うようにできないイライラを感じたり、次の日に痛みを覚えたりといった葛藤が逆に増えた。

キャンプイン初日の状態を数字で表せば、問題ない時の五十パーセントという感じだったろうか。宮崎で新しいチームメイトといっしょに体を動かすと、自分の遅れを痛感させられる。

「今年は厳しいかな」

弱気になることもあった。それでも二月後半の沖縄でのキャンプのころになると、だいぶ普通にプレーするイメージがわいてきた。動きがスムーズになってきたのがわかる。なんとかこれで行けそうだと感じるようになった。前の年の後半から遠ざかっていた野球特有の細かい動き、たとえば、ベースカバーの時の体のひねり方とか視線の方向といったトレーニングではつかめない感覚が、練習する中でよみがえってきた。百パーセントとはとてもいえないが、チームの役に立つような状態にまではなんとか持っていくことができ、開幕を迎えた。

支えになった由伸の存在

僕はケガなどのときを除けば、プロ入り四年目からほぼレギュラーとして先発出場してきた。でも、ジャイアンツでは控えが基本だった。たまに先発出場することもあったが、基本は内野の控えだ。出る時も、試合の流れでタイミングはなかなかわからない。

途中出場には独特のきつさがある。出番のタイミングがわからないなかで、準備をし続けなければならないからだ。準備していても声がかからないこともあるし、まだ十分といえないような時に声がかかるかもしれない。ともかく試合にきっちり入り込んで、いつ、どんな形で声がかかっても対応できるように心がけた。

手術をした箇所は日増しによくなっていったが、それでも時々、「自分の足、ひじじゃないな」と感じることがある。手探りの状態は完全になくならなかった。

新しいチームという難しさもある。僕は人間関係などぐずぐず悩むというほうではなく、プロなら自分の仕事をきっちりやればいいという考えなのだが、それでも毎日のルーティンがドラゴンズと微妙に違っているのは確かで、ストレスを感じることもゼロではなかった。

自分にとってありがたかったのは同い年の高橋由伸の存在だった。大学のころから知っているし、長く戦ってきて、お互いよくわかっているから話しやすい。もうアドバイスをもらったり、してやったりという年でもないし、話すのは他愛のない日常のことがほとんどだったが、気楽な話し相手になってくれたおかげで救われた気分になったことも多かった。

相手がぶつかってくる感覚

ジャイアンツとは長い間ライバルとして戦ってきた。試合の時のイメージはそれなりにある。だが、それ以前に、僕は川崎生まれで高校、大学は東京だったので、ジャイアンツというと「テレビで見るチーム」というイメージが強かった。華やかで、力のあるスター選手が、それぞれ自分の力を出して優勝する。

中に入ると、そういう面も確かにあった。力のあるスター選手が多い。だが、それだけではない。

ジャイアンツのユニフォームで戦ってみて、一番強く感じるのは「相手が向かってきている」という感覚だ。どのチームもジャイアンツ相手だとギアが一段上がる感じがする。ジャヤイアンツはそれを受け止め、勝っていこうとする。

「こういう重圧を乗り越えて強くなってきたのか」

そう感じさせられることが多かった。スターがそれぞれ思い切りやるだけでなく、勝負がかかった場面では、みんなが声を出し、一丸でぶつかる。

二〇一四年の六月、セ・パ交流戦でゴールデンイーグルスと対戦した試合などがその代表だ。相手の則本昂大《たかひろ》は前の年の日本シリーズから何度か続けて抑えられ、苦手にしていた。この日も八回まではたったの一安打。この時の九回の攻撃はすごかった。みんながひとつにまとまり、ものすごい集中力を発揮して則本を攻略にかかった。五安打を集めて三点取って逆転勝ち。僕は試合に出ていなかったが、点が入りそうにない時でも苦手の投手を全員で攻め崩す迫力にジャイアンツの力を感じた。

強いチームの秘密を中から、間近に見られたことは僕の野球人生の中で絶対にプラスになるだろう。

シーズン途中までは、どれくらいできるかもわからず、手探りだったが夏場を過ぎたあたりからは体調もよくなり、出場機会も増えた。チームが優勝を争う中で、自分なりの役割を果たすこともできた気がする。もう一度レギュラーを。シーズン中に芽生えた意欲は、シーズンが終わっても全く薄れていない。

ＷＢＣの喜びからケガの苦しみ、リハビリを経てジャイアンツへの入団。この二シーズンは僕にとって激動の季節だった。それを支えたのは、内野手として十年以上レギュラーを張り、チームに貢献してきたという自負と自信だった。内野手井端が「リハビリ患者井端」や「無所属井端」を支えてくれたと思っている。このあとは、その内野手井端弘和がプレーの中でつかんだ野球の秘密、奥深さといった話を披露してみたい。

第二章

アマチュア時代

野球ができる場所を求めて

中学野球でたまたまノムさんの目に留まる

北海道日本ハムファイターズの大谷翔平の二刀流が話題になっている。二ケタ勝利をあげ、一六〇キロを超えるようなストレートを投げる一方で、シーズン二ケタ本塁打も記録する。プロで十七年もメシを食っていながら、五〇本ちょっとの本塁打しか打っていない僕から見たら信じられないような成績だ。

それでも、投手も野手もやるという二刀流そのものはそんなに驚きではない。プロになるような選手は、たとえ野手でも、キャリアの中で一度ぐらいは投手をやっているものだ。

意外に思う人もあるかもしれないが、僕も野球をはじめたばかりのころは投手だった。僕が野球をはじめたのは小学生のころ。そのころは、今のように小学生から硬式のリーグにはいってやるということはあまりなく、僕がはじめたのも軟式野球だった。最初はいろいろなポジションをやらされたが、試合に出るようになると、器用だったせいか、投手を任された。しかし、子どもにはストライクを投げるのも簡単ではない。

中学生になってからは野球が面白くなり、もっと本格的にやってみようと硬式でプレーするシニアリーグのチームに入ることにした。僕は川崎の生まれで小学校、中学校とも川崎の学校だったが、近くにはシニアのチームがなかったので、多摩川をはさんだ反対側にある城南品川というチームに入れてもらうことにした。

名前だけ聞くと強そうだが、このチームはものすごく弱かった。地区大会の一回戦、ブロック予選の初戦みたいな試合でもすぐ負けてしまうようなチーム。少年野球は投手の力で試合が決まることが多いが、いい投手がいないだけではなく、守備も打つほうもいい選手がいなくて、僕は入った時から投手として試合に使ってもらった。

このシニアの時に、のちの自分の道を決めるような出会いがあった。僕が投手をやるようになって、城南品川は少しは強くなったようで、いつもなら一回戦負けのブロック予選を勝ちあがった。この時、同じように勝ち上がったチームに港東ムースがいた。名前を聞いたことのある人もいるかもしれないが、野村克也さんと奥さんが指導していたチームだ。その港東の試合を観戦しに来られた野村さんがたまたま前の試合でプレーしていた僕を見て、「あの子はなかなかいいね」という話をされたという。

それが人づてに僕の耳にも聞こえてきた。野村さんはまだヤクルトの監督になられる前で、評論家をされていたと思うが、もちろん大選手だった有名な人であることは知っていた。その人から見どころがあるといわれて、僕はすっかりうれしくなり、それが野球を本格的にやってみようというきっかけになった。

もしプロ野球選手井端弘和の出発点があるとしたら、野村さんの目に留まったことかもしれない。

「内野手になったほうがいい」

野村さんが指導する港東とは、ブロック予選の決勝で顔を合わせることになった。この時の試合も僕にとっては大きな転機というか、発見につながる経験だった。

僕は投手として試合に出たのだが、相手は全国優勝もした強豪チーム。レベルがそれまで対戦したチームとは全く違っていた。

一番驚いたのは走者が出ると、盗塁やエンドランなどで投手にプレッシャーをかけてくること。一球も気が抜けない。

それまで僕が相手にしたチームは、走者が出ればだいたいバントで送り、あとは打ってくるだけだったが、港東は盗塁を仕掛けるふりをしたり、バントの構えから強打に出たり、どんどん揺さぶりをかけてきた。そっちに気を取られていると、打者も実力がすごいから痛打されてしまう。テレビで見ている大人の野球を実際にやられているみたいだった。

「ああ、こういう野球もあるんだな」

本当に感心した。

僕のチームはその試合でけっこうがんばり、一対二で負けたのだが、そのせいもあって、野村さんはそのあとも僕のことを注目してくださったようで、言葉をかけていただくことも何度かあった。

そのうち、僕は野村さんから決定的なひとこと、アドバイスをもらうことになる。

僕は硬式で投手をやり、それなりにいい成績もあげていたので、プロになるかどうかはともかく、高校に進んでからも投手で行きたいと考えていた。

ところが、野村さんは、「キミは高校に進んだら内野手になったほうがいい」という。内野の経験などほとんどなかったので、ちょっとびっくりした。どうも野村さんは僕の体格とバッティングを見てそう考えたようだ。

中学の終わりごろの僕の身長は今とほとんど変わらない一七〇センチちょっと。骨格は固まっている感じだった。たしかに投手としては身長が足りない。打撃も嫌いではなかった。

投手に未練がないわけではなかったが、なんといっても野村さんのアドバイスである。

「そんなものかな」と思いながら、内野手になろうかと考えはじめた。まだ投手でやりたい気持ちも残っていたが、内野手はどんな感じなんだろうと、ときどきノックを受けたりするようになった。

でも、捕球はできても送球になるとどうしても投手の癖というか、大きなモーションの全力投球になってしまう。内野も決して簡単ではないと思った。

野村さんに出会ってからは、野球の面白さが少しずつわかるようになった。高校に進んだら強いところでやって甲子園にも行きたいと考えはじめた。いくつか行きたいと思う高校はあったが、野村さんが勧めてくれたこともあり、堀越高校を選んだ。野村さんの息子の克則さんが行っていた高校で、甲子園にも何度も出ている。当時、東京でいうと、修徳、帝京、関東第一あたりの学校が強く、このあたりに行けば、一度ぐらいは甲子園に行けそうかなと思った。堀越はそれらの学校よりは少し力は下に見えたが、僕と同じ学年で調布シニアという強豪チームのエースが堀越に行きそうだと聞いて、「あいつが行くなら、なんにもしなくても甲子園に行けそうだ」と「計算を働かせて」堀越に決めた。世界大会で優勝したすごい投手だったので、甲子園に連れていってくれると思ったのだ。

そういう投手がいっしょのチームになるので、もう投手としての自分の出番はなさそうだ。堀越高校に入るころには投手への未練は消えて、内野手でがんばってみようという気持ちが強くなっていた。

攻守の鑑・篠塚さん

僕が子どものころはまだロッテが川崎球場をホームグラウンドにしていた。一番身近なプロのチームだったので、シニアの仲間と川崎球場にはよく出かけた。でも、今と違い、そのころのロッテはあまり強くなかったし、客の入りも悪かった。当時の選手には申し訳ないが、憧れたり、まねをしたりするような人はいなかった。いつでも球場に入れる手っ取り早さが魅力だったのだ。

繰り返すが、ファンというほどではなかったものの、好きなチームといえばジャイアンツだった。東京や神奈川で野球をやっていた当時の子どもは、ほとんどがジャイアンツのファンじゃなかったろうか。後楽園球場やその後の東京ドームに行った記憶はほとんどないが、毎日テレビで試合が放映されるのでなじみもあったし、選手にも親しみが持てた。

中でも僕が好きだったのは二塁手の篠塚利夫（現・和典）さんだ。首位打者を二回獲得した好打者で、二塁の守りもすばらしかった。投手をしている時でも、投手ではなく野手の篠塚さんのプレーに魅力を感じた。難しいゴロをさばくときの流麗な動き。あまり力を入れてスイングしているようには見えないのに、きれいにボールを捕らえて飛ばすバッティング。まるで計ったようにショートの頭を越してレフトに運ぶ流し打ち。

「どうしてあんなことができるんだろう。本当にすごい」

篠塚さんは当時の選手の中で決して大きな人ではなかった。体も細身で華奢な感じだった。その人がごつい選手にまじって全く引けを取らない打球を飛ばし、華麗な動きでボールをさばく。つくづくこんな選手になりたいなと思ったものだ。

小学校、中学校ではほとんど投手で、少しだけ外野もやったが、内野の経験はほとんどなかった。その僕が、二塁手の篠塚さんのファンだったのは、今から考えれば、無意識に自分との共通点を見つけていたのかもしれない。逆方向への打撃だとか、守備での動きだとか、プロに入ってからの僕は、どこかで篠塚さんを追いかけていたような気もする。

小さくてパワー不足でも…

ただ、子どものころの僕は、プロになってからのプレーのスタイルとは全然違っていた。バットを持ったらフルスイング。ホームランしか狙っていなかった。相手の投手も大したことはなかったので、けっこう大きいのを打つことができた。

ところが、中学生になって、学年が上がるにつれ、だんだん壁を感じるようになった。中学生だと、一歳違えば体格も体力も大きく違う。シニアリーグの上級生の中にはけっこう力のあるボールを投げる選手もいて、そういう選手が出てくると、フルスイングしても思うようには飛んでくれないこともあった。

高校になると、その壁がもっとはっきりしてきた。

「これはレギュラーにはなれないな」

入部二日目の練習で、早くもそう感じさせられた。

堀越には全部で八十人ぐらいの部員がいた。一学年でだいたい二十五人から三十人ぐらい。上級生といっしょに練習すると、その体格の違いに圧倒された。上級生の中には一九〇センチを超えるような人もいたし、同学年でも同じ歳かと疑いたくなるような立派な体格のヤツがいた。

僕は身長は今とほとんど変わらない一七〇センチちょっと。ただ細かった。体重は六〇キロあるかないかだったろう。部員の中で一番細かったかもしれない。ユニフォームを着たときの体の厚みに圧倒されて、レギュラーは無理だと思ってしまったのだ。

そこで辞めていたら僕の野球人生も終わっていたのだが、体格の差だけであきらめるのも悔しいと思い、まず体を作ることからやってみることにした。体の厚みを出すこと。そのためには食べなきゃならない。とにかくよく食べた。

堀越の野球部は寮生活で、食事も悪くはなかったが、入部して三カ月ぐらいは、がんばって食べてもなかなか身にならなかった。夏の大会が終わり、新チームになる時、僕は監督に呼ばれた。

「お前はもっと太らないとダメだ」

監督も自分と同じ考えだったのだ。そして普通の部員が入っている寮から、特別な寮というか一軒家のような宿舎に移され、ほかの部員数人と共同生活をさせられた。そこではともかく「食べろ、食べろ」で、朝からけっこうボリュームのあるものを食べさせられた。監督の指示で、きっと栄養面のバランスなんかも考えられた食事だったのだろう。僕は一カ月余りであっという間に一〇キロぐらい体重が増えた。

身長一七二、三センチで一〇キロ体重が増えたら、大人ならバランスが悪く、動けなくなるが、成長期だったたし、練習で嫌というほど絞られていたので、体重が増えても違和感を覚えることはほとんどなかった。あの一カ月は、自分の体を作る上で、今思うとすごく大事な一カ月だったなと思う。

体が大きくなったことは、僕に自信を植え付けた。細かった時は、とてもレギュラーなんか無理だと下を向いていたのだが、大きくなり（といっても部員の平均よりは下だったが）、前より打球が飛ぶようになったりしたことで、「おれでもやっていけそうだ」と手ごたえを感じた。技術的にすごく上達したわけではなかったが、精神的なゆとりみたいなものを手に入れることができた。

プロに入ってからも、僕はやはり体格やパワーでほかの人たちと差を感じることがあった。周りから「あの体格じゃプロでは難しい」といった厳しい評価が聞こえてくることもあった。でも、高校の時の経験があったので、プロになってからは高校の時のように「無理だから辞めよう」とまで思うことはなかった。技術を磨き、自分の役割を果たせば、体格やパワーの差はほとんど問題じゃないと考えられるようになっていたのだ。

意外にも土日は練習ナシ

堀越高校の練習は、猛練習が主流の時代の中では、メリハリのついた合理的なものだった。一年でいうと、まず新学期の四月、五月ぐらいはチームの骨格を作るためにけっこうハードな練習をする。そして五月の連休に長い合宿を組んで、それを仕上げにする。そのあと五月の終わりには十日ぐらい練習を休む。そこで体力を回復させ、休みが明けたら夏の甲子園予選に向けて一気に仕上げていく。

堀越はその頃珍しかった週休二日制だったので、土曜日は学校がない。野球部も学校に合わせて土、日はいっさい練習しなかった。その分、平日の練習はきつかった。一日に七時間、八時間練習することも珍しくなかった。オンとオフの切り替えがはっきりしていたのだ。

ただ、あとで笑ってしまうような秘密を聞いた。当時の監督はゴルフが好きで、どうも土日はゴルフに行くために練習を休みにしていたらしいのだ。プロになって自分もゴルフをはじめ、監督ともいっしょに回ったことがあるが、その時ピンと来て、「土日はゴルフに行ってたんじゃないですか」と聞いてみたら笑っていた。そういえば、ある時、急にしばらく月曜日を休みにするということになった。あれも、土日、ゴルフ場が込んでいたので、月曜日に行きたくなったからだったかもしれない。

強い学校だったし、監督も情熱を持って指導されていたが、「三が日以外は毎日練習」といったいわゆる名門校とはちょっと違っていた。東京の高校らしいといえるかもしれない。

同世代で印象的だった井口さん

高校の時の目標はあくまでも甲子園だった。プロは全く頭になかった。ほかの高校で「いい選手だなあ。こういう選手がプロになるのかもしれないなあ」と思いながら見ていた人でもドラフトにかからないなんてことがよくあった。

「あの人でもその程度の評価なら、自分なんて全然だな」

プロになるのは厳しいとかいう以前の段階、論外だと思っていた。

ただ、自分が見ていいな、すごいなと思った中から、何人かプロに進んだ選手もいた。僕の同学年には、埼玉の大宮東で甲子園に行き、騒がれてタイガースに入った平尾博嗣《ひろし》がいた。同じ内野手で、体も僕とそんなに違わなかったが、関東の高校生の間では早くから有名だった。

「ああ、彼ぐらいの力があればプロからも声がかかるんだな」

ドラフトで指名されたのを見て、そんな感じを持ったのを覚えている。

今は同じユニフォームを着ている高橋由伸も有名だった。彼の桐蔭学園とはよく練習試合をしたので、「あいつは間違いなくプロに行く」と決めつけていた。大学に進んだのは力が足りなかったのではなく、自分の意志だったと思う。

そういう選手を見ると、プロのレベルというか、あそこまで行けばプロになれるかもしれないという目安がわかったような気がした。

平尾やヨシノブも目立っていたが、僕が惹かれていたというか、半分憧れみたいな気持ちで見ていた選手はほかにいた。一学年上の井口資仁さんだ。同じ西東京の國學院久我山にいたのだが、井口さんは中学のころから東京の少年野球をやっている連中の間ではかなり有名だった。高校に入り、練習試合をやったり、プレーを間近で見たりするたびに、僕は井口さんに目が釘付けになった。

同じショートがポジションだったが、井口さんは肩が強く、足も速いので、守備範囲がものすごく広い。もちろん打たせても飛距離がものすごかった。特に右打者なのに、ライトスタンドにもポンポン放り込むのが驚きだった。金属バットの高校生でも反対方向にホームランを打つのはなかなかできることじゃない。

実は、井口さんの身長は僕とあまり変わらない。でも、僕はずっと一八〇センチ以上はあると思っていた。体の厚みに加えてパワーがあふれている感じなので、そんな錯覚をしてしまったのだ。

自ら弱点を見つけて修正する力

高校一年の夏の西東京大会。僕らの堀越は井口さんの國學院久我山と対戦してやられたのだが、井口さんはまだ二年生なのに三番か四番を打ち、大会期間中にホームランを四本か五本打って断然目立っていた。

「あんな選手になりたいなあ」

目標というより完全な憧れだった。

井口さんほどの差は感じなかったが、それでも、同学年の平尾と比べても、自分はかなり劣っているなと感じてはいた。でも、具体的にどこが違うのかがよくわからない。

今思えば「球際の強さ」、大事な場面で出せる力というか瞬発力みたいなものが違っていたんだろうと思う。でも、それが体力から来る違いなのか、練習で身につけられる技術的なものなのかは、未だにはっきり答えが出せない。

今でもそうなんだから、高校生の自分がどこに違いがあるかなんてわかるはずもなかった。たいていの人は、素質が違うんだと考えるのではないか。僕自身もそう考えたことがあった。ただ、そこで止まってしまうのも悔しい。「関係ねえや」「おれはダメだ」と考えれば楽かもしれないが、それでは続ける意味もなくなってしまう。

僕がほかの人と少し違っていたとすれば、そういう時、自分なりに「あの人はこうやってるんじゃないか、自分も試してみよう」とかいろいろ考えながら練習するところではないか。たとえば守りに関してだが、井口さんのようなすごい選手を見ていると、たしかに肩が強いので速い送球ができている。でも、それだけじゃない。動き全体に無駄がない。

「だったら自分もこんな動きをしたら、もっと速く送球できるんじゃないか」

そうやって自分なりに試行錯誤を繰り返した。前にも書いたが、僕は投手だったので、捕ってからすぐ投げるという練習をほとんどしていなかった。どうしてもちょっとした「構え」が入ってしまう。それをなくすために、クイックスローの練習はずいぶんよくやった。

監督や先輩から特に何かいわれたわけではない。というより、八十人もの部員がいるので、高校になってから内野手を始めた僕なんか眼中になかったのだ。

結局、自分で工夫して弱点を探し、克服するしかなかったのだが、今から思えば、あれこれいわれながら直すよりも、自分で悪いところを見つけて直すほうが身についてよかったような気がする。

甲子園で唯一記憶に残った松井さん

　僕は二年の春の選抜と三年の夏の二回、甲子園に行くことができた。それを目標にしていたし、出たくても出られない人がほとんどなのだから、感謝しなければならないのだが、正直いうと、実際に試合に出た感激とか感動とかはほとんどなかった。どちらかというと選抜の出場を確実にした秋季大会や、きつい試合を勝ち抜いた夏の予選のほうが強く印象に残っている。みんな生き生きして気合いが入っていたし、負けられないんだという気持ちが仲間からも伝わってきた。その緊張感の中で勝ちぬいて出場できたので、ある程度満足してしまったのかもしれない。

　甲子園では春夏合わせて四試合やったが、ひとつの試合を別にすると、あまり頭には残っていない。自分の打席や守備もどうだったか、はっきり思い出せないくらいだ。

　でも、ひとつの試合だけは鮮明に覚えている。春の選抜での二戦目、星稜高校との試合だ。

　僕らは一回戦を勝って、二回戦で松井秀喜さんのいる星稜高校とぶつかった。松井さんは一年のころから全国で名前の知られた選手で、この選抜でも一回戦で二本のホームランを打っていた。

試合は僕らが一点を先制されたが、投手がよく踏ん張り、〇対一で八回まで進んでいた。星稜からすれば、追加点が取れず、僕ら以上に苦しい展開だったかもしれない。

八回表、走者を二人置いたところで松井さんの打席が回ってきた。勝ちにこだわれば、勝負を避けるという手もあったかもしれないが、堀越の投手、のちにタイガースに入った山本幸正は真っ向から勝負に行った。それを松井さんはものの見ごとにひっぱたいた。打球はあっという間にライトスタンドに飛び込んだ。

あのホームランの打球の音は、今でもはっきり覚えている。普通の金属バットの打球音は芯でとらえるとカキーンという乾いた音がするものだが、あれは金属じゃなくてなにかほかのものでたたいたような、ベコッという音だった。きっと芯ではなかったのだろう。それでもほとんどライナーでライトスタンドに飛び込んだ。

松井さんは実際に見ると体も大きく、「これが高校生か?」と驚いた。井口さんなどはプレーの印象から実際より大きく見えたのだが、松井さんは正真正銘のデカさだった。そしてあの打球音。

もうひとつ驚いたのは松井さんが吠えたことだ。僕はショートを守っていたので、ホームランを打ち一塁を回って二塁に向かってくる松井さんの表情がよく見えた。一塁を回ると松井さんは何度も大きな声を出して吠えていた。追加点の欲しい場面だったし、松井さん自身もそれまで凡退していたので、このホームランはよほどうれしかったのだろう。

プロに入ってからも松井さんのホームランは何度も見ているが、あんなに大きな声を出して吠えたのは記憶にない。松井さんの吠えるのを正面から見たのは僕ぐらいではないか。

打席に立っても、パワーが圧倒的だったので、打球はだいたい右方向にしか行かない。ショートの守備位置に打球が飛んでくる感じは全くなかった。だから僕は松井さんの打席はじっくり「見物」に回っていた。

二回出て、四試合もやりながら甲子園の印象が薄いのは、松井さんのすごさを見せつけられたせいかもしれない。

選択肢は社会人か大学

三年の夏の甲子園が終わると、進路を考えなければならなくなる。僕にプロという考えは全くなかった。自分が見た選手でいえば、井口さんや松井さんのような人がプロに行くもので、自分はとてもそんなレベルではないとわかっていた。

ただ、野球を辞める気持ちもなかった。大学でも社会人でもいいから野球を続けて、できる限り野球に関わっていきたいと思っていた。野球以外に熱中したものはなかったし、何年やっても飽きるということがなかった。

社会人か、大学か。大学に行きたいという思いが強かったが、気になることもあった。上下関係の厳しいところで、高校のようなことをまたやらされるのはイヤだなという気持ちがあったことだ。

堀越は上下関係がものすごくうるさいとか、上が下をいじめるといったことはない、割と自由な学校だったが、それでも、僕らの時代は今より厳しいやり方が当たり前で、一年生はある程度下積みみたいなこともやらなければならなかった。だから、大学も同じでは嫌だと思っていた。

僕の志望は青山学院大学だった。一年上に井口さんがいたし、その前にも小久保裕紀さんのようなすごい内野手がいた。当時は強かったのであこがれもあった。学校もどことなく自由な雰囲気に思えた。

堀越の監督に進路の相談をすると、大学も社会人もいくつか誘いが来ているという。大学は十校ぐらい来ているといわれた。正直びっくりしたが、悪い気はしなかった。

それで気持ちがだいぶ大学のほうに傾き、青山学院を志望していることを監督に打ち明けた。すると、「わかった。じゃあ、青山の前に慣れる意味でほかのセレクションを受けてみろ」とアドバイスされた。それが母校になる亜細亜大学だった。

特にイメージもなく、セレクションに参加すると、「ハイ、合格」といわれあっけにとられた。あとから考えると、どうも監督と亜細亜大の野球部の間で、ある程度話が進んでいたようだ。

でも、僕は腹を立てたり文句をいったりはしなかった。「決まったよ」といわれたらそれに従うものだと思っていたし、自分を認めてくれたわけだから、そこでやってもいいなと思えたのだ。

僕の大学へのイメージは全く漠然としたものだった。青山学院がいいというのも表面的に抱いていたイメージにすぎなかった。やるなら東都がいいと思っていたのだが、それも、六大学のほうが伝統があって厳しいしうるさそうだなどと思っていたせいだった。

昔から「実力の東都」などといわれていたが、僕が入るころも実力のある選手が多く、力では六大学を上回っていたのではないか。特に、僕が入ったころはのちにジャイアンツやドラゴンズで活躍する河原純一さんがエースの駒澤大学が全盛期だった。河原さんは自分と同じ川崎の出身で、高校も目立たない公立だったが、大学に入ってから学生を代表する投手になっていた。最初に対戦した時は、井口さんや松井さんを見た時のように、「すごい。こういう人がプロに入るのか」と思ったものだ。

いきなりセカンドへコンバート

僕は高校の時は、ずっとショートを守っていた。投手をやっていたシニアリーグの時、野村克也さんから「内野手になったほうがいい」とアドバイスされ、その教えを守って内野手に転向した。ショートはやってみると難しいことも多いがやりがいのあるポジションだった。クイックスローの練習をやった話は先にもしたが、ほかにもちょっとした体の動きや気を配るポイントがいくつもあり、自分なりにいろいろ工夫しながらやるのが性に合っている僕には向いているポジションだった。

大学でも当然ショートをやるものだと思っていた。セレクションでもショートが中心だった。一応、甲子園にもショートで出場している。少しだが自信もあった。

ところが、亜細亜大学の内田俊雄監督は、二、三日練習に参加した僕を、セカンドにコンバートした。

今の大学生ならきっと、「○○の理由でおまえにはセカンドをやってもらう」といった根拠のある説明を受けただろうが、当時は説明なんてなし。

「ハイ、今日から二塁」

あっさりしたものだった。

僕の体は高校の時、一気に大きくなった。一生懸命食べる努力をして体を太くした。だが、それ以後はほぼ固まり、今に至るまで同じような体格で来ている。

もしかすると監督は、ショートをやるには少しパワーが足りないと判断したのかもしれない。

でも、大学を決める時もそうだったように、僕はセカンドにコンバートを命じられても特に不満は感じなかった。

「試合に使ってもらえるならどこでもいいや」

事実、セカンドに転向したばかりなのに、内田監督は一年の春のリーグ戦から僕を起用してくれた。

なんだかいつも「人任せ」「風任せ」で、自分がないみたいに思えるかもしれないが、人の判断を聞くのは「自分がない」のとは違うと思う。

投手から内野手に転向するように勧めてくれた野村さんにしても、僕を二塁手にコンバートした内田監督にしても、野球に関する知識と経験は自分など比べものにならないくらい豊富だ。様々な個性の選手も見てきている。きっと自分でもわかっていないような僕の特徴も見抜いてくれているのだろう。だったらそれに従うのがいいのではないか。

今は、自分らしさとか自分のプレーとかにこだわる人が多い。僕も自分なりの特徴を常に意識し、それを生かす努力もしている。でも、自分のことは自分が一番よく知っているとはいえない。

もし僕が、中学の時、「自分は投手がやりたい。投手にこだわりたい」と頑固に考えていたら、たぶん途中で挫折していただろう。甲子園に出場するような学校でレギュラーをつかむこともできなかったのではないか。自分らしさにこだわるのもいい。でも、経験のある人から、自分の特徴をよく見極めてもらい、そこで勝負するのも大事なのではないだろうか。

チーム事情ゆえに一年生でも抜擢

ショートからセカンドへのコンバートには文句はなかったが、練習の厳しさにはついていくのが大変だった。

当時の亜細亜大はちょうど過渡期を迎えていた。多くの球団がドラフトで競合指名したことで話題になった小池秀郎さんや、ヤクルトに入って活躍しメジャーでもプレーした高津臣吾さんなど優秀な先輩が卒業したあと、チームは低迷。僕が一年の春から試合に使ってもらえたのも、そういうチーム事情があったからかもしれない。

　実際一年の秋には最下位になって入れ替え戦をする羽目になった。部がはじまって以来の不振などといわれたりもした。

　そういう状態だったので、練習は厳しかった。量も多かったし、やり方も独特で、最初のころはついていくのに苦労した。

　普通は試合に出ることの多い三年生、四年生と、入ったばかりの一年生が同じ練習をやることはあまりない。ところが内田監督は、入部したばかりの僕らにも上級生と同じ練習をさせた。「一年生だからこれぐらいでいい」なんていうことは全くなかった。量も質も体力のない新入生には本当にきつかった。

　中でもランニングの量は半端ではなかった。午前中ほとんど走りっぱなしで、野球の練習は午後になってからなんていうこともあった。堀越高校は前にも書いたが、一年間休みなし、みたいな猛練習の学校じゃなかったので、大学での練習量には正直驚いた。ついていけるかと真剣に考えたりした。

ちょうどチームが落ち込んでいる時期だったので、一年生にも早くからレギュラー並みの練習をさせ、将来に備えようというのが監督のねらいだったのだろう。

僕が早くから試合に使ってもらえたのも、そういう先を見越したねらいのせいだった。ともかく早い段階から経験を積ませ、将来の柱にしようという考えだったのだろう。

当時は起用してもらってありがたいとはもちろん考えなかった。我慢して使っていただいてありがたいはずなのに、しんどさが先に立ち、感謝というわけにはいかない。もし、一年生で僕だけがそんな使われ方をしたら、体力的にもしんどいし、精神的にも重圧を感じてやっていけなくなったかもしれない。でも、幸い、同じ一年生でほかに三人ぐらいが経験を積ませるねらいで試合に使われていた。それでずいぶん気持ちが救われた。

大学レベルの力がないことははっきりしていた。一年春のリーグ戦の前、社会人とのオープン戦があった。甲子園の経験があったから、名前の聞いたことのない選手相手なら、他校や社会人相手でもある程度やれるだろうと思っていたが、あっさり鼻っ柱を折られた。スピードもパワーも全然違う。

ただ、早く鼻っ柱を折られたことは本当によかった。自分の力のなさを自覚して練習するのと、いわれたことを漫然とやるのとでは身につく度合いが全く違う。「自分にはここが足りないんだ」とわかれば、そこを重点的に鍛えることもできる。試合に使ってもらうことで、いたらないところを知る機会が与えられた。その点で、最初から使ってくれた監督には感謝しかない。

一番きつかったのは「入れ替え戦」

大学の時、なにがいやだったかといえば、きつい練習でも厳しい先輩でもない。入れ替え戦だ。東都大学リーグは六大学と違って一部で最下位になれば、二部の優勝校と入れ替え戦をやらなければならない。これがきつい。東都が「実力の東都」だとかいわれるのも、二部転落の危機感を抱いて試合をしているからだろう。

僕は二回入れ替え戦を経験した。最初は一年の秋。一部リーグで最下位になり、二部の優勝校、立正大と入れ替え戦をやった。ここで負けて、二年の春は二部で試合をする羽目になった。

一部で負けが込み、入れ替え戦かもしれないとなると、チーム全体に重苦しい雰囲気が漂ってくる。おまけに亜細亜大は駒澤とともに一部に昇格してからは一度も落ちたことがなく、OBや周りもそんな話をするので、よけい負けられない気分になった。

入れ替え戦の本番になっても、一部最下位のチームは二部で優勝したチームに比べると、どうしても受け身になる。相手は優勝してもっと上に行こうと意気込み、勢いもある。その相手を負かすのは簡単ではない。一年秋の入れ替え戦も、そういう勢いにやられてしまった感じだ。

二年春の入れ替え戦は、一年の時に比べれば、上がるだけだから気分的には少し楽だった。それでも二部にはいたくないという気持ちが強く、それが重圧になったりもした。

「実力の東都」だけに、二部にも時々すごい選手がいた。僕の時でいうと、専修大学がすごかった。何しろ今もヤンキースでローテーションを守っている黒田博樹さんがいたのだ。カープに入団して一年目から活躍した小林幹英《かんえい》さんもいた。三試合制だが、一戦目小林、二戦目黒田なんて順番で来たのを覚えている。数年後の広島カープのローテーションだ！

そういう選手もいる一方で微妙に緩い部分もあった。球場が同じ神宮でもスタンドのない第二球場中心ということもあるが、全体に覇気がなく、「ここで勝ったり負けたりしているうちに、どっぷり浸ってしまうかもしれない」と恐ろしくなった。だから入れ替え戦はもちろん、リーグ戦から相手を軽く見たりはせず、全力でプレーした。

二年春に優勝し、なんとか入れ替え戦にも勝って一部に戻ったが、入れ替え戦だけはこりごりだという気分がいつまでも消えなかった。あれをやるぐらいならしっかり練習しよう。練習に耐える動機付けになったかもしれない。

素振り一日五百回を課す

一部には戻ったが、自分も含めて、まだ優勝争いをするには力の差があると感じていた。どういう姿勢で野球に取り組むかもあいまいだった。もちろん大学で優勝を争うぐらいのチームになりたい。でもその先はどうするのか。三年になると、そろそろ進路も考えなければならない。一般の学生ほどではなかったが、それまでよりも授業に出たりして、先のことを考えるようになった。

大学で野球をやるうちに、少しずつ、プロでもやってみたいという気持ちが芽生えていた。でも、それ一本でやってみるというふんぎりがつかない。

そんな時、監督から「このままだったらこのままで終わってしまうぞ」といわれた。ドキッとした。自分が考えていたことと同じだったからだ。そ、こ、そ、こ、きつい練習もした。でもそ、こ、そ、こ。これじゃあそ、こ、そ、こ、の選手で終わる。

監督のひと言をきっかけに、僕の練習に取り組む姿勢はガラッと変わった。死に物狂いで取り組むようになった。

重点を置いたのはバッティングだ。守備は二塁に回ってからも、まずまずこなせていたし、評価も受けていた。でもバッティングは物足りなかった。

一学年上で青山学院に入っていた井口さんは、僕が三年になるころにはドラフト候補として注目を集めていた。ホームランを量産し、東都の記録を更新するかと騒がれていた。高校の時から見ていた井口さんだが、あらためてじっくり打ち方を観察すると、スイングの速さが決定的に違っていた。

井口さんのレベルまで行くのは難しいが、自分もとにかくスイングを速くしなければ……。一日最低五百回のスイングを課してそれを一年間続けた。みんなといっしょにやる練習のほかに、自分の個人練習としての五百スイングだ。

五百回納得できるスイングをするためには筋力、体力も必要になってくる。それまでは技術的な反復練習はやっても、基礎的な筋力トレーニングはあまりやらなかったが、スイングの質をあげるために筋力トレーニングにも取り組むようになった。

筋トレの成果は体にはっきり表れる。体が目に見えて変わってくる。そうなると楽しくなり、トレーニングがきつくなくなる。

五百スイングを続けるうちに、実戦でもだんだん速い球に力負けしなくなってきた。打率も上がり、どちらかといえば守備の選手と思われていたのが打撃でも評価されるようになった。

三年の秋にはじめてベストナインに選ばれ、四年の時は春秋、合わせて三季連続ベストナインになった。

学生で光る選手はプロでも活躍

タイプも学年も違うので、井口さんをそっくりまねようとか追いかけようとは考えなかった。ただ、同じ学年に目標になる選手がひとりいた。プロに入って近鉄、楽天で活躍した青山学院の高須洋介だ。

彼は自分と同じ内野手だったが、打撃がよく、二年の秋と三年の春、二季連続で首位打者になっていた。体も自分と同じぐらいでパワーヒッターというよりうまさと勝負強さが売り物の内野手だった。難しいコースに来た球でも、軽くチョンとバットを出してヒットにしてしまう。特に右打ちのうまさは抜群だった。なんであんなに簡単にヒットが打てるんだろう。感心して眺めながら、ひそかに目標にした。

野村克也さんが楽天の監督をされているころ、高須はけっこういいところでヒットを打っていた。野村さんは「必殺仕事人」とか呼んでいたが、たしかに勝負強さはずば抜けていた。松坂大輔に強いのでも有名だった。

プロに入ってからはリーグが違ったので、あまり見る機会はなかったが、それでも、時々難しい球を平然とヒットにして、表情も変えずに塁に出ているのを見ると、学生のころと変わってないなあと感心したものだ。

井口さん、高須だけでなく、プロに入って活躍した選手はやっぱり大学のころから光るものがあった。上の年代では駒澤の河原さん。走者なしで対戦すると、「早く打ってアウトになれ」みたいな感じで少し抜いたストレートなんかを投げてくる。でもそれが打てない。走者を背負うと、絶対に打たせないと目つきが変わる。フォークボール、フォークボールと来てスライダーをはさみ、最後もフォークという組み立てであっさり三振に取られたことがある。もてあそばれている感じだった。河原さんとは中日でいっしょにプレーさせてもらったが、ストレートの力は衰えていても、僕を翻弄したフォークは健在だった。

そして何度か触れてきたように、同学年には慶應の高橋由伸がいて、彼はホームランの記録なんかもすごかったが、だれが見ても「こいつは違う」と思わせる光るものを持っていた。

直接対戦したことはなかったが、大阪体育大学の上原浩治なんかも外から見ているだけですごいなあと思わせるものがあった。

それに比べると、リーグのベストナインに選ばれるぐらいにはなっていたが、僕はまだまだ足りないところだらけだった。

ドラフトにかかる自信はなかった

大学四年になると、進路を考えなければならない。東都のベストナインに連続して選ばれるようになったあたりから、だんだんプロに行きたいという気持ちが強くなっていった。でも、当時の力では、必ずドラフトにかかるという自信はない。

だから、普通の部員と同じように就職活動もした。もちろん社会人チームのある会社が志望で、そこで野球を続けるためである。幸い、評価してくれる会社もあり、内定をもらうことができた。僕が卒業する九〇年代の終わりごろは、バブルの好景気はとっくに終わり、就職難の時代になっていた。その中で内定をもらえたのはありがたかった。

しかも、僕がプロ志望でもあるというと、もしドラフトにかかった場合はプロに行ってもかまわないという条件まで認めてもらった。ドラフト一位候補ならともかく、僕みたいに指名されるかどうかさえはっきりしない選手に、そこまで認めてくれたのには本当に感謝した。問題は指名されるかどうか。

スカウトが来ているのは知っていた。はっきりした評価はわからないが、目に留まっていることは間違いない。ただ、指名のラインに達しているかは、はっきりいって自信がなかった。

自分の課題はバッティング。それはわかっていた。守備ならなんとかやっていける自信があった。もっとも、実際にプロに入ったあとは、そんな自信も吹っ飛んでしまったが。

走塁も、足は遅くなかったので問題はなさそう。打撃は例の一日五百スイングで、だいぶパワーがついてきた。ベストナインに続けて選ばれたのも、打つほうがよくなってきたのが大きかっただろう。

でも、プロの水準にあるかはわからない。同い年で、高校の時は僕などよりもずっと目立っていた平尾博嗣のような選手でも、プロではレギュラーを取るまでにはいっていない。そう考えると確信は持てなかった。

でも、僕はあんまり深刻には考えなかった。指名されなければ、自分の力が足りなかったというだけだ。社会人で力をつけて、プロから声がかかればそれでよし、ダメならそれまで。

ともかく好きな野球をどんな形でも続けようという気持ちだけは揺るがなかった。

両親からも疑われる

ドラフト会議の日、僕は自宅から学校に行くのに、部の制服のブレザーを着て出かけようとした。もし指名されたら、会見なんかもあるかもしれないからだ。

それを見た両親が「なんだ、その格好は」と声をかけてきた。改まった服装で出かける理由がわからなかったのだ。

「いや、指名されるかもしれないし」と答えると両親そろって吹きだした。

「いや、ないない」

ひどい親もあったものだ。中にはお参りまでして指名を祈る親もいるというのに、ウチの両親は指名なんてないものとハナから決めつけていたのだ。

両親はやっていけるかどうかわからないプロに進むよりは、社会人チームに入って、安定した生活をしながら野球をしてほしいという希望があったようだ。

僕の家は何代かつづいている海運業で、父はタンカーを使って仕事をしていた。海運業といっても大きな会社ではなく、ほとんど個人営業みたいなものだ。船乗りなので、一カ月ぐらい家を空けていたかと思うと、逆に一カ月ぐらいずっと家にいたりすることもあり、普通のサラリーマンの人とはだいぶ仕事の形が違っていた。

もし自分も海が好きで野球をしていなかったら、父親の仕事を継いでいたかもしれない。でも、実は海が全然ダメ。子どものころ、一度だけ父の船に乗せてもらったことがあるが、乗ったとたん、気分が悪くなった。油と潮とそのほかいろんなものがまじった独特の船のにおいに耐えられず、酔ってしまったのだ。

「一回海に出たら、仕事が終わるまでは家に戻らない。一カ月ぐらい乗ってることもあるんだ」

そう言われて、すっかり恐ろしくなり、その後、二度と乗らなくなった。だから家の仕事を継ぐという選択肢はあり得なかった。

もっとも、プロに入って二、三年でクビになっていたら、平気な顔で船に乗っていたかもしれないが。

ついに五位で指名

親は全く信じていなかったドラフト指名だが、なんとドラゴンズが五位で指名してくれた。

五位というのは、指名としては下位なので、ドラフトが始まってからかなり時間が経っている。

「もう、ないかな」

ほとんどあきらめていたような時に指名されたので、びっくりもしたし、うれしくもあった。

ドラゴンズには特にイメージを持っていなかった。好きでも嫌いでもなく、ニュートラルな感じ。名古屋というのもほとんど縁がないので、想像がつかなかった。

ただ、迷いはなかった。指名されたらどこへでも行くと決めていたのだ。

ドラフトの順位は評価を表す。順位が低いのはそれだけ評価が低いわけだ。ドラフト一位がみんなスター選手になるわけではないが、下位の人が成功する確率が一位指名より高いわけでもない。

五位指名というのは、「相当踏ん張らなければものにはならないぞ」と球団からいわれているようなものだ。

しかし、それでも不満はなかった。一位だろうが五位だろうが、入ってしまえば同じだ。きれいごとのような言い方になるが、順位に関係なく、同じユニフォームで同じスタートラインに立つことができるのだから、勝負はこれからだと思った。

指名されて家族は驚いていたが、反対するようなこともなかった。自分の家は、親の希望で野球を始めたわけではなく、子どもが好きだからやらせるという方針だった。

大学を出た後の進路にしても、社会人に行ってほしいという希望はあったようだが、プロから声がかかり、本人も納得して行くのなら反対する理由はないと考えてくれていた。

僕は体格も実績も微妙なところにいた。同い年でいえば、高橋由伸みたいに、だれが見てもプロに入るべき選手というわけではなく、よほどがんばらないと成功は難しい、いってみればプロとアマの境界線の上にいるような選手だ。安定を望むならプロ入りに反対する親がいても不思議じゃない。でも、特に反対もせず、喜んで背中を押してくれた。その意味ではありがたい家族だった。

第三章

守備の極意

守りよければ全てよし

数のうちに入っていなかった一年目

僕がドラゴンズに入団したのは一九九八年。同期入団には明治大のエースだった川上憲伸《けんしん》がいた。憲伸も注目されていたが、僕らの年でなんといっても注目されていたのはジャイアンツに入った高橋由伸で、一年目からレギュラーを取るのではないかと騒がれていた。

それに比べると、ドラフト五位の僕はほとんど注目されず、入団発表やキャンプで話を聞かれた記憶もほとんどない。マスコミやファンだけでなく、ほかの選手や首脳陣からも相手にされていなかったのではないか。いじめられたとかいうのではない。数の中に入れてもらえなかったのだ。

当時は星野仙一監督だった。星野さんは怖い面もあったが、一方で、選手にすごく気を遣い、温かい言葉をかけてくれることもあった。僕も試合に使ってもらうようになると、いろんな言葉をもらった。

でも、入団当時、なにか話しかけられた記憶は全くない。監督の視野の中には入っていなかったのだろう。

一年目の僕は十八試合に出場して十二本のヒットを打ち、盗塁は四個。数字だけ見れば、一年目としてはまずまずにも思える。出場したのはベイスターズと激しく優勝を争っている九月の初めで、緊張する場面だったが、どんなプレーをしたか全く覚えていない。首脳陣からすればテストみたいなものだったのかもしれず、自分ではチームに貢献した感じが全くなかった。

二軍暮らしが奮起のきっかけ

一年目は自分の課題がどうだとかいう以前に、練習から試合に至る流れが全くつかめなかった。特にキャンプの時は戸惑うことばかりで、納得の行く練習ができた覚えがない。

二軍にいる時から力のなさはよくわかっていたので、一軍で少しぐらいヒットが出ても、有頂天になるようなことはなかった。それより首脳陣が厳しい評価をしているのだろうなと気になった。

その感触は間違いではなかった。二年目になると一軍には一度も上がることができなかった。

オープン戦のはじめのほうまでは一軍に帯同させてもらったが、途中から二軍行きを命じられ、あとはずっとそのままだった。

二軍では、ほぼ毎試合、ショートで先発出場させてもらったが、打撃はもちろん、自信があったはずの守備のほうも、一軍の人たちとは力の違いを感じることが多く、先が見えなかった。

その年のオフ、同期で入団した仲間のひとりが自由契約になった。

これは僕にとってかなりのショックだった。

「これはヤバい。順番から行ったら次は自分だ」

被害妄想みたいだが、まんざら外れでもなかったろう。大卒で入って三年で一軍に定着できなかったら、先があるとは思えない。猛烈に焦ったが、そのうち開き直る気持ちに変わった。

「あと一年しか野球ができないんなら、その一年を目いっぱいやってやろう」

そういう気持ちになることができた。

僕は高校でも大学でも、ものすごく期待され、最初からレギュラーが約束されたような選手ではなかった。体格もパワーも人並みで、特別目立つようなところはない。

でも、自分を追い込んで練習することは平気だった。課題を見つけてそこを修正したり、人にはない技術を身につけたりすることも好きだった。

プロで二年間やったことで、練習から試合までの流れがだいぶつかめるようになっていた。課題も見えてきている。

「残り一年、やりたいようにやってみようじゃないか」

ひそかにそんな覚悟を決めて、三年目のシーズンに臨んだ。

名ノッカー・高代コーチとの出会い

僕がまず考えたのは自分の長所、特長を生かすことだった。

高校や大学の時は、まず自分の足りないところをなんとかしようと考えた。高校の時は体が細かったので、とにかくよく食べ、無茶苦茶練習をして体を大きくした。そしてある程度仲間に負けない体ができて、自信を持ってプレーすることができた。

大学では守備に比べて打撃が弱かったので、それを強化することに力を入れた。一日五百スイングを課して、それを続け、なんとかバッティングでも一定の評価を受けるところまでたどり着いた。

しかし、二年間のプロ生活では、自分のような選手がいくつか欠点を減らしたところで、すぐに使ってもらえるわけではないということを知った。

欠点を少なくして、どれも平均レベル（それもあまり高くないレベル）の選手になるよりは、これだけは負けないというセールスポイントを作り、それをアピールしなければどうにもならない。

僕がすぐに他の人と勝負できそうなのは守備だった。守りならそれほど引けを取らないのではないか。もちろん、まだ一軍のレギュラークラスとはだいぶ差があることはわかっていたが、その差は打撃よりは小さい。守備を徹底的に鍛えて、ある水準まで行けば、あとは打撃の強化に専念できる。ともかく今は守備一本だ。

三年目、二〇〇〇年のキャンプ。僕は徹底的にノックを受けることにした。毎日、早出、居残りで守備練習に明け暮れた。

当時の守備走塁コーチは高代延博さん。これは僕にとってものすごく幸運だった。

高代さんのノックのうまさは球界有数だ。だいぶ後のことになるが、高代さんがＷＢＣの侍ジャパンのコーチになったことがある。原辰徳監督時代の二〇〇九年だ。練習の時のノックは高代さんが担当。僕は直接見たわけではないが、取材していた人に聞くと、アメリカでの試合前の練習の時、高代さんのノックがあまりにみごとなので、練習を見ていた観客の中から拍手が沸き起こったことがあったそうだ。相手チームのコーチや選手もびっくりしながら見ていたらしい。

そのノックの名手が僕にじっくり付き合ってくれたのだ。

またもやチーム事情に救われる

僕専属というのならうれしいが、実は仲間がいた。今はタイガースのユニフォームを着ている福留孝介だ。福留は前の年、一九九八年にドラフト一位で入団し、シーズン終盤にはレギュラーに定着するなど、十一年ぶりのリーグ優勝に貢献した。バッティングは申し分なかったが、守備は安定しているとはいえなかった。おもにショートで起用されていたが、エラーが多く、本人も自信を失いかけていた。

ドラゴンズの内野は長い間立浪和義さんがショートを守り、リーダー役を果たしていた。しかし、その立浪さんも肩の問題などもあってだんだんショートが厳しくなってきていた。

そこで、僕が入団した年にはタイガースから久慈照嘉さんを獲得したり、「韓国のイチロー」といわれた李鍾範《イジョンボム》を入団させたりしてショートを任せていた。でも、星野仙一監督はあまり満足できなかったようで、李は次の年から外野にコンバートされた。僕を獲ったのも、若い内野手が必要という考えからだったろう。

福留が入団すると打撃を買われてショートで起用されることが多かったが、守備には難があり、打撃では福留、守備なら久慈さんというように、はっきり特徴が分かれていた。チームはできれば福留に守備でも独り立ちしてもらい、立浪さん、久慈さんといったベテランのバックアップとしてもうひとり若い選手を育てたい。それで僕を鍛えようと考えたのではないか。

プロではどんなに技術があっても、実績のある先輩が健在だとなかなかレギュラーの座はつかめない。もし、立浪さんがショートでバリバリやっていた数年前に自分が入団していたら、「そんなにあわてなくてもいいよ。出番は先だよ」という感じで、あまり強化の対象にならなかったのではないか。

ドラゴンズの内野は世代交代という変わり目にさしかかっていた。そういう時期に若手だったというのは、運がいいという証拠かもしれない。

単調だからこそリズムがつかめた

ともかく、三年目のキャンプは朝から晩までノック漬けだった。もちろん打撃などの練習もしなかったわけはないのだが、その記憶が全くない。泥まみれになってボールを追いかけた。

もし全くの個人授業だったら、僕も途中で音をあげていたかもしれない。その点、福留が一緒だったことはありがたかった。福留は僕の二歳下。ＰＬ学園時代からバッティングで全国的に注目され、九五年のドラフトではくじを引き当てた近鉄の佐々木恭介監督が「よっしゃー」と叫んで話題になったりした。アトランタのオリンピックでも活躍したし、入団した年にリーグ優勝するなど、ずっと陽のあたる道を歩いてきた選手だ。

僕とは対照的な経歴で、マスコミからの注目度も高い。チームの期待も大きかった。その選手と一緒に、自分が得意とひそかに自負していた守備を鍛えられたのだから、張り切らないわけにはいかなかった。

「コイツだけには負けられない。少なくとも守備では絶対に上をいってやる」

無表情を装いながら、腹の中ではそう言い聞かせてノックに食らいついていった。

コーチの高代さんはノックも上手だったが、若い選手のやる気を引き出すのもうまかった。

高代さんは守備の特訓がはじまったばかりのころ、僕にいっていた。

「守備ではおまえのほうが福留よりも上だ。守備をアピールすれば、試合に出るチャンスはあるぞ」

そういわれれば悪い気はしない。

高代さんのノックは、自分がそれまで受けたものと全く違っていた。

高代さんは、僕の二年目の秋季キャンプから練習に付き合ってくれたのだが、最初のころは、僕が気持ちよく捕球できる正面のゴロしか打ってこない。ツーバウンド以上はしないような簡単な当たりばかり。それを捕っては投げるの繰り返し。

「ポーン、ポン、ポン」

打って、ワンバウンド、ツーバウンドで捕球する。そのうち、そのリズムが自分の体に染みついて行った。

「あっ、こういうリズムがオレの捕球のリズムなんだ」

単純な繰り返しの中で、突然それを理解できた気がした。

それまで自分が受けてきた守備特訓のノックというと、速くて難しい当たりが多かった。それに飛びついていって、運良く捕球できたら満足といった練習がほとんどだった。難しい打球、速い打球を多く打ってもらうのがノックだと思っていた。ところが高代さんのノックは簡単な処理を積み重ねて、自分のリズムを覚えさせる独特なもので、これで僕は内野手としての自分の特徴が少し理解できるようになった。

気持ちのいいリズムが体に染みこんでいくと、少し難しい当たりが来ても、そのリズムで気持ちよく捕球できるように、自然に体が動くようになる。その気持ちよさを大事にしながら自分で動きを工夫するようになる。

　高代さんは、僕を見て、内野手の基礎の基礎、イロハのイができていないのを見抜いたのだろう。だから、まず入り口まで連れて行ってくれるような練習をしてくれた。そこから先は、自分で考えろということだったのかもしれない。

どんな形でもアウトにさえすればいい

　打撃でも守備でも、まずは人まね、優秀な選手の技術を盗むことから始まる。いい選手は物真似もうまい。ダルビッシュ有は、ほかの投手の投球フォームをそっくりまねしてみせるそうだ。どこに特徴があるのかを見抜く目が素晴らしいのだろう。

　当然、僕もだれかをまねすべきだった。ドラゴンズの名手といえば立浪さんや久慈さんだ。しかし、毎日ノックで泥まみれになっていた駆け出しのころの僕は、立浪さんや久慈さんをじっくり見たり、まねしたりはしなかった。ちょっと見ただけでレベルが違う。まるで別格なのだ。守備であの人たちをすぐに抜くのは難しい。だから妙な色気は出さず、自分の技を磨くことにしよう――。

高校の時はショート。大学に入ってからはセカンド。プロ一年目の九八年はショートで十二試合、セカンドで六試合出してもらった。でも、三年目のキャンプでは特にポジションを決めた練習はしなかった。セカンド、ショート、どちらでも使いものになる基礎を身につける練習をやった。

外野までやった。使い勝手がいいと思われたのかもしれない。僕も不満はなかった。外野ならそれでもいいや。自分の知らない可能性を教えてくれるなら外野の守備名人になるのも悪くない。割り切って練習に取り組んだ。

そのうち、自然と好みというか、向き、不向きが出てくる。僕が一番魅力を感じたのはショートだった。

内野はポジションによって動きが違ってくる。それぞれの特徴については、またあとでくわしく触れるが、その中で、ショートは一番動きに制約のないポジションだ。

ほかの三つのポジションに比べると、カバーしなければならない領域は広いが、その分、自分の判断で動きを考えることができる。もちろん、ベンチからの指示もあるし、原則みたいなものもあるが、若いころの僕は自由に動けると思っていたし、実際、練習や試合でショートに入ると自分のイメージを大事にして動いていた。

高代さんのノックのおかげで、足の運びや捕球してからのスローイングの形など、基本はひと通り身についていた。でも、守備の特訓をしていたころは、「この足の運びは違う」とか「このグラブの出し方のほうがいい」といったことはあまり深く考えなかった。

理屈じゃなく、とにかくボールに食らいついていく。来たボールにむしゃぶりつく。特に試合で使ってもらえるかどうかわからないようなころは、そうしてアピールするしかなかった。

「不細工な形でも捕ってアウトにさえすればいい」

口には出さなかったが、そんな気持ちで飛びついていった。

〝顔面捕球〟したことも

少しあとの話になるが、一軍の試合に使ってもらえるようになったころ、打球を顔で捕りに行ったことがある。

今中慎二さんが投げていた試合だ。今中さんは当時の大エース。投げている時は、守っているほうも緊張する。エラーなんかしたら大変だという重圧がすごい。

その試合でイレギュラーした強烈な打球が飛んできた。とても捕球できそうにない。とにかく止めなければと、僕は体ごと突っ込んでいった。それがドーンと顔に当たった。〝顔面捕球〟、まさに顔で止めたような形になった。結果的にはアウトにできなかったが、外野に抜けるのは防ぐことができた。痛さはもちろんあったが、まず謝らなければと思い、今中さんに「すみません」と声をかけると、「おまえ、よけろよ。ケガするぞ」と心配された。顔で止めにいったので、今中さんもびっくりしたのだろう。

今中さんからいわれて気がついた。

「そうか、よけてもいいんだ」

今なら半身になって、体をかわしながら捕りに行くなど、いろいろやりようもあるのだが、若いころの自分は、とにかくがむしゃらにボールに食らいつくというやり方で守備を磨いていった。

ショートの守備範囲は一塁から遠いので、ちょっと弾くと打者がセーフになる可能性が高い。体で止めることは大事だが、ただ止めてもリカバーするのを忘れては何にもならない。まずしっかり捕る。捕れなければとりあえず止める。止めたら素早く送球の姿勢に入る。速い送球をする。やることはたくさんあり、克服しなければならない課題は多い。

でも、そういうやらなければならないテーマが多いほうが僕には楽しかった。二軍で形にこだわらずボールに飛び込んでいくうちに、自分らしいテクニックみたいなものも自然に身についていった気がする。

プロでは疲れを残さないことが第一

練習は人に見せるためにするのではない。三年目のキャンプで、毎日早出、居残りの守備練習をしたのも、自分の生き残りのためで、首脳陣になにかアピールしようとか、目立とうとか考えたからではなかった。

しかし、プロの世界はちゃんと見ている人がいる。練習で一軍のレベルにまでなんとか達したと判断されたのだろう。僕はオープン戦から一軍に帯同し、開幕戦では「二番ショート」で先発出場することができた。

この年はショートを中心に、二塁手、三塁手もやって九十二試合に出場し、規定打席には足りなかったが、ともかく打率三割もクリアした。そしてその次の入団四年目、二〇〇一年からはレギュラーとして出場するようになる。

レギュラーになってからのことは、知っている方も多いと思うので、ここでは、もう少し守備のことを突っ込んで書いてみたい。

三年目に打率三割とはいっても、打席数は少なく、自分の打撃が認められて起用されたのでないことはわかっていた。だから、せめて守備だけは信頼してもらおう、人に負けないようにやろうという気持ちが強かった。

夢中でボールに突っ込んで、形など考えずに捕って投げる。二軍や一軍に定着した最初の年あたりは、そういう考えでやっていた。

しかし、一軍の試合に毎日使ってもらうようになると、そういうがむしゃらなやり方だけでは通用しないと感じるようになった。

がむしゃらに捕りにいくという気持ちは悪くはない。だが、どんな打球にもそういう形の反応をしていたのでは疲れてしまう。簡単にさばける打球に対して、我流の「突っ込み」で向かっていったのでは消耗することがわかってきた。

そこで、だんだん正しい捕り方、技術に興味が移っていった。大学の時は二塁手だったし、プロに入ってからは、守備で認めてもらうために、形などにはとらわれず、ともかく体ごとボールにぶつかっていくやり方を通してきた。でも、それでは疲れてしまう。

やはり打球によっては簡単に処理したり、全身を使わずに、言葉は悪いが軽くさばくようなことも必要になるのだ。

どんなスポーツでも、楽に動こうとするのはよくないといわれる。自分もそれに異論はない。ただ、無理矢理苦しい体勢を取る必要もない。特に野球のようにシーズンの間は毎日のように試合がある競技では、疲れを次に残さずシーズンを乗り切る工夫も必要になる。

ショートの守りでいえば、理屈に合った動き、無駄のない動きというのがどうしても求められるようになる。

全身を使い、ダイナミックな動きで捕球し、投手が投げるような大きなモーションで全力で送球する。でも、どの打者にもそんなことをする必要はない。足のあまり速くない打者なら、消耗するような動きまでやって刺す必要はないし、逆に足の速い打者だったら、大きな動きをするより、無駄な動きを省いてコンパクトな捕球—送球を心がけるほうがいい。

自分自身、体は大きくないが、スタミナには自信があった。爆発的なパワーはないかもしれないが、一年を通してコンスタントにプレーすることに不安はなかった。でも、実際、一軍で毎日試合に出てみると、肉体面だけでなく、精神的にも相当しんどいことがわかってきた。

「無駄なことや、消耗するようなことはやっちゃダメだな」

それから技術の追求がはじまった。

三年目でやっと先輩と話す

前にも書いたが、ドラゴンズの内野には立浪さん、久慈さんという名手がいた。当然僕もその人たちを目標にすべきだったのだが、前にも書いたように、僕はすぐにまねしたり、参考にしたりはしなかった。というより、できなかったのだ。

第一、自分よりはるか上の存在だったので、まともに口がきけなかった。一年目の秋、試合に使ってもらった時など、ただ眺めているだけ。当時は、今みたいに、ベテランが一軍に来た若手をリラックスさせるために声をかけるなんてことはほとんどなかった。聞きたいことがあったら、自分からぶつかってこいという感じ。それも、ある程度共通のレベルの話ができるような実力がなければ相手にされなかった。

二年目の春のキャンプで一軍の練習に参加した時は、それでも少し話ができるようになった。

そして三年目、九十試合以上出てレギュラーへの足掛かりをつかんだ年になると、自分から話しかけられるようにもなったし、立浪さんや久慈さんから声をかけてもらえるようにもなった。ようやく眼中に入ってきたのだろう。

三年目の僕はショート専門というより、内野のユーティリティ・プレーヤーとして一塁以外の全部をカバーしていた。練習の時は二塁で立浪さんの後ろにつくことが多かった。だいぶ慣れたとはいえ、大スターの立浪さんから話しかけられると、理由もなく緊張した。今でも同じ空間にいると、なんとなく緊張してしまう。

久慈さんの足の動きを観察

名手たちと話ができるようになると、やはり二人のプレーもまねしてみたくなった。参考になる部分も自分で見つけられるようになった。

立浪さんの動きやグラブさばきも勉強になったが、僕がもっぱら参考にしたのは久慈さんだった。

僕が一番魅力を感じていたショートの名手だったし、体の大きさも自分に近い。だから、時間があると久慈さんの後ろに回って練習を見ていた。本当は正面から見ていたほうがいいのだが、さすがに自分の先輩の正面に立って練習を見る度胸はない。

後ろから眺めるのは足だ。グラブさばきなどは出すタイミングぐらいしかわからないので、ともかく足の動き方を見逃さないようにした。

この打球にはこういう足の運びをして、このタイミングでグラブを出すのか。久慈さんの動きでピンと来るものがあると、自分もそのまねをしてやってみる。見たばかりなので、簡単にできると思ったら案外できない。足と手の動きがバラバラになってしまう。自分でアレンジしたり、繰り返しやってみたりしながらなんとかものにしようと努めた。

久慈さんの特徴は捕球してからの速さにあった。捕るまでの動きも無駄のないものだったが、それ以上に捕ってから投げるまでが速い。自分もなんとかそれに近づこうとしたが、練習を重ね、レギュラーをつかんでからも、久慈さんの域に行けたのかどうか自信がない。

ベイスターズの石井琢朗さん、スワローズの宮本慎也さんなど、セ・リーグにはショートの名手がたくさんいた。そういう名手のプレーも僕は参考にしたし、練習でもチャンスがあればできるだけ長く見るようにした。でも、結局他球団の人たちは、試合でしか本当の動きが見られないし、正直、まねしたり、参考にする部分は多くなかった。その点、久慈さんについては、まとわりつくように注意して見続けた。僕の中では、今でも久慈さんがナンバーワン遊撃手だ。

早く確実な送球は下半身から

捕球したら、できるだけ速く送球する。内野手の基本中の基本だ。ところが、みんなそれを心がけるものの実際はなかなかうまくいかない。送球までの時間を詰めるポイントは足だ。久慈さんはその足の動きがすばらしかった。

打球を捕って送球に移る時、足の動きがバラバラでは速い送球はできない。捕ってから足を速く動かしてはダメだし、足を速く動かそうとすると、今度は力が入りすぎてしまう。捕球のタイミングと足の動きを合わせるためには、足の力が抜けていることが必要になる。ひざから下だけをむやみに動かそうとせず、股関節を柔らかく使いながら、リラックスして動かないと、足を使っての速い送球はできない。

久慈さんは足の使い方が抜群だった。足の送りと送球までのタイミングがきれいに一致しているので、すばやい送球ができる。下半身が上半身の動きとうまくシンクロしていれば、無茶苦茶な強肩でなくても、すばやい送球ができるのだ。

久慈さんは上背があまりなかったこともあるが、股関節の動きが柔らかく、足の送りがスムーズだった。肩はいわゆる強肩ではなく、平均よりはむしろ弱いほうだったのではないか。

それでも安定した速い送球ができたのは、下半身の使い方に柔軟性と独特のリズムがあったからだ。きっと久慈さんは、自分の足りないところを自覚して、肩より足で勝負というスタイルを完成させていったのだろう。

僕も身長は久慈さんに近かったので、下半身の使い方はずいぶん参考にさせてもらった。高校の時も投手から内野手になって、クイックスローの練習をずいぶんやったが、そのころは、下半身の使い方などはあまり考えなかった。捕ったらとにかく力を入れて、体を反転させ、速い送球をする。力を抜くなんてことは思いもよらなかった。力を抜くほうが速さを生むといった発見は、打撃や走塁にも通用するもので、僕の選手生活の中でも大きな意味を持つことになった。

足を使った送球は、久慈さんから直接教わったわけではなく、自分が勝手に「盗んだ」ものだった。

フィットするグラブの追求

でも、直接、久慈さんのお世話になったこともある。グラブだ。

一軍に定着し、久慈さんと一緒に練習する機会が増えると、久慈さんは僕に毎年グラブをひとつかふたつ分けてくれた。久慈さんは毎年、アメリカから決まったグラブをまとめて仕入れていたのだが、その中のいくつかを若い僕にも分けてくれたのだ。

グラブというのは相性みたいなものがあって、先輩から薦められたものでも自分には合わないといったことが珍しくない。でも、久慈さんからいただいたグラブは僕と相性抜群だった。まるで自分で注文したのではないかと思えたほどだ。

久慈さんのグラブが僕にフィットしたのは、単なる相性とか偶然とかではなく、僕の守備のスタイルが久慈さんを参考に固めていったものだったからだろう。スタイルが近ければ、必要な用具も似てくるのは当然だ。

久慈さんは二〇〇三年からタイガースに復帰され、僕がいただいたグラブも翌年にはストックが尽きた。

同じものを取り寄せようかとも考えたが、薦めてくれる人がいたので、二〇〇四年のシーズンからはミズノのものに替えることにした。

最初、十個ぐらいを試作してもらい、秋季キャンプでいろいろ試しながら、メーカーの人に細かい注文を出し、次の年の春のキャンプまでに改良したものを作ってもらうことにした。はじめてもらった時の感触は正直、よいものではなかった。

「これでシーズンをやっていくのは難しいな」

元のアメリカ製のものに替えようかと考えたりもした。でも、自分の注文が難しかったり、誤解を与えたりした可能性もある。

「軽くてしっかりしたものを」

そんな注文を出したら妙に軽くてぺらぺらした感触のものができあがったりした。だから、より具体的に、メーカーの人にも納得してもらえるように、説明も工夫し、細かく手直ししてもらって、なんとか納得できる形のものが手に入った。

グラブは自分の感覚にフィットするかどうかが大事で、それを言葉にして説明するのは難しい。だから何度も注文を出したりしたわけだが、それに応えて納得のゆくものを作ってくれたメーカーの人には感謝しなければならない。

新しいグラブにはボールを〝当てる〟

グラブは買うものではなく作るものだという人もいる。今は革の質もよくなり、製造技術も向上したので、あれこれ手を加えなくても、短時間で実戦に使えるようになったが、むかしは革も硬く、変な癖もつきやすいので、使う側でいろいろ工夫しなければならなかった。

ライオンズで守備の名手といわれ、ドラゴンズのコーチとして僕も教えを受けた辻発彦さんは、買ったグラブの紐を一度全部抜き、バラバラにして、何度もお湯に浸《つ》けて柔らかくしてから紐を通すという手間のかかる作業をして、自分の納得できるグラブに仕上げていったという。

捕球が第一の外野手と違い、内野手のグラブは捕球だけでなく素早い送球も意識しなければならない。自分の手の延長みたいなものだ。だから僕も自分なりの工夫をした。

辻さんのようなお湯に浸けるやり方、内野手の間では湯揉みなんていわれているが、それもやったことがある。特に久慈さんから分けてもらっていたアメリカ製のグラブは、湯揉みをすると、程よい柔らかさになり、より使い勝手がよくなった。

日本製に替えた時も、同じようにやってみた。ところが、これがうまくいかない。柔らかくはなるのだが、持ちが悪く、すぐに切れたりしてしまうのだ。革には油が染み込んでいる。その油の質や量がそれぞれのグラブで違うので、お湯に浸けた方がいいものと悪いものの違いが出てくるのだろう。

その失敗に懲りてからは、湯揉みはやめることにした。もちろん、硬いままで実戦に使うわけにはいかないので、慣らしの期間は必要だ。僕は外から細工をするのではなく、使い方を工夫することにした。

まず届いたばかりのグラブを、なにも手を加えず、すぐに練習で使う。どんどんノックを受ける。ただ、その時グラブを握って閉じることはしない。グラブを〝面〟にしたままパン、パン当てるような感じでボールを受け止める。捕れなくても全然気にしない。

昔のキャッチャーミットなどを見ると、ものすごく硬い革を使い、ほとんど折れないうちわみたいな形のものがあるが、最初はそんな感じで使う。そうやって慣らしているうちに、だんだん手になじみ、硬さも取れてくる。そうして一年間練習で使うと、だいたい試合でも使えるグラブができあがる。

こういうグラブの「作り方」をしていると、おまけというか、ほかにいいこともある。しっかり握れない硬い面のグラブなので、ネットの部分だけで捕ったりはできない。グラブ全体が土手みたいなものだ。逆シングルなんかも無理。だから、必然的に体を打球の正面に入れて、下半身を落とし、体全体で捕球しなければならなくなる。基本の忠実な形を取らなければ捕球できないのだ。基本の形はいくら練習してもしすぎるということがない。長いシーズンの中では、疲労などで忘れがちになることもある。そういう時、硬いグラブを使っていると、体に基本の形がよみがえってくるわけだ。

グラブの細かい話になってしまったが、もとはといえば、久慈さんからいただいたグラブの使い心地のよさが道具への興味のきっかけだった。一軍に定着したばかりのころ、よい感触のグラブと巡り合い、その感触を求める中で、自分なりのグラブの慣らし方、選び方を覚えていった。

ゴロの捕球や送球だけでなく、商売道具の選び方までいいきっかけを作ってもらった。その点で、久慈さんは僕の恩人だ。高代さんと並んで、いまだに頭の上がらない二人だ。

名手には変わらない「型」がある

久慈さんがタイガースに移籍した一年後の〇四年、ジャイアンツから川相昌弘さんが移籍してきた。一年ずれたが、入れ替わりみたいな感じである。

川相さんもショートの守備では一時代を築いた名手だった。僕が一軍の試合に出るようになったころは、出場機会が減っていたが、子ども時代にジャイアンツファンだった自分にとっては、「テレビで見ていたショート川相」はなじみのある存在だった。

川相さんが移籍してきたころになると、僕はショートの定位置をほぼ確保していたので、ポジション争いで脅威を感じたことはない。川相さんは確か四〇歳になる年で、起用も代打や守備固めが中心だった。

でも守備の名手からは期待通り、興味深い話を聞くことができた。

僕は久慈さんを見習い、捕球から送球の流れを少しでも速くするために足を使う練習を積んだ。下半身を捕球のリズムと一体化させて、スムーズに動けば、肩の強さに関係なく速い送球ができる。

ところが、川相さんといっしょに内野の練習をすると、全く違うことをいう。

「捕るのと投げるのは別だ。捕ったら、あとはキャッチボールをすればいい」

最初は意味がわからなかった。

「キャッチボールですか?」

「おまえ、いつもやっているキャッチボールで暴投することあるか？　ないだろ。内野手もそれとおんなじ。どんな格好でもボールを捕ったあとはキャッチボールを思い出して投げてみる。そうすれば悪送球なんてなくなるさ」

なんとなく理解できたが、全面的に納得というわけではなかった。あとになって気づいたのだが、川相さんは高校の時は投手で、それも結構速い球を投げていたという。捕ってしまえば自分の肩を生かして強く正確な送球をする自信があったのだろう。だから、まず捕球に重点を置き、送球はキャッチボールの要領でやれというアドバイスをくれたのだ。

久慈さんの足を使う捕球―送球は、自分の肩の弱さをカバーするために編み出した技術だった。川相さんの「キャッチボール送球」は自分の長所である肩の強さを生かすやり方だった。二人の方法は全く違うものだが、自分の特徴をどのように使い、あるいはどう消してより速い送球をするかと考えた末の結論なのだ。

ついでにいえば、僕が見る限り、スワローズの宮本さんはとにかく捕ってあとはキャッチボールという川相さんタイプ、ベイスターズの石井さんは足を使ってリズムを出す久慈さんタイプに分類できると思う。

僕にはどちらかというと久慈さんのスタイルが合っていたが、川相さんの話も参考になった。答えはひとつじゃない。いろんなスタイルがあるんだとわかっただけでも収穫だった。

ただ、形の上での違いはあるが、僕が考えるこの四人の名手には共通する点もある。それは難しい打球でも正面の簡単な打球でも、さばく時の感じがいつも同じという点だ。もちろん、体の動きは打球によって違うのが当然なのだが、四人の名手はまるで自分の「型」でもあるみたいに、同じような動きで打球をさばく。宮本さんはいつも宮本さん、久慈さんはいつも久慈さん。ほかの人と似ているなあと感じたことはない。それだけ確立したものがあるのだろう。

はたして、人から見たら、井端弘和にはそんな「型」があるのか。聞いてみたことはないが、どのように見られているかは少し興味がある。

年齢から来る〝間〟を詰める練習

僕が長くいたドラゴンズには多趣味な選手が多かった。山本昌《まさ》さんなんかはラジコンをはじめ様々な趣味があり、どれも玄人レベルのところまで行っていた。山﨑武司さんもラジコン好きだったし、高級スポーツカーにもお金を惜しまなかった。

そういう人たちに比べると、僕は趣味といえるものがない。酒は全く飲めないので、夜の街を出歩くこともない。遠征に行っても食事が終われば、部屋でテレビを見るくらいだ。

唯一、趣味らしきものといえばボートレースの観戦で、ドラゴンズのころは毎年蒲郡《がまごおり》の大きなレースに出かけていた。今でも交流のあるトップレーサーもいる。

でも、なんといっても自分の一番の楽しみは野球だ。それも、僕の場合はかなり偏っていて、守備についてあれこれ考え、つきつめるのが仕事でもあり趣味でもある。

「もうベテランだし、守備のスタイルもだいたい固まったんじゃないですか」

そんなことをいう人もいる。とんでもない。やればやるほど、「まだ先になにかある、もっとある」と感じて、試してみたくなる。歳をとったからもうこれで完成、ということはない。

若いころに比べると、徐々に動けなくなってきているのは確かだ。二〇一四年シーズンに大ブレークしたカープの菊池涼介なんかは、すばらしい身体能力を持ち、守備範囲も驚くほど広い。今の僕からすると、うらやましい部分もあるが、一方で、自分だって彼くらいの年齢の時はあんな感じだったとも思う。

菊池と同じ年ごろには速い打球に「ハッ、ハッ、ハッ」といったリズムで飛びついて捕り、すばやく送球できていた。

菊池は、ファインプレーも多いが記録上のエラーも多い。僕もそうだった。エラーが多いのは内野手では決して恥ではない。守備範囲が広く、動きが速いので、他の人なら捕れないような当たりにもグラブが届いてしまう。そうすると完全には捕れなかったり、送球が遅れることもあるので、エラーにカウントされてしまうことが多い。

しかし、今、四十代目前という年になると、「ハッ、ハッ、ハッ」で動いたつもりでも、どこかで一瞬、間が空いてしまうことがある。本当に微妙な間隔なのだが、その分、わずかな遅れが出てきてしまう。

飛びついて捕球しても、立ち上がる時、大げさに言うと「どっこいしょ」みたいな間が入ってしまう。それは年齢のせいで、しかたがないことだ。

ただ、その間を詰める方法は考える余地がある。どんな方法かといわれると、これだと断言することはできないが、ともかく今は間を詰める方法を考えながら毎日の練習に臨んでいる。そしてそれは決して苦しいことではなく、自分のような技術追求型の人間には楽しいことなのだ。

ヒットは捕らない

前にも書いたが、僕は内野の中でもショートに特に強い魅力を感じている。でもこれは僕だけの特別な意識ではなく、プロでショートのレギュラーだった選手なら皆同じではないかと想像する。

立浪さんはベテランになってからセカンドやサードに回るようになった。でも、自分は遊撃手と思っていたのではないか。

スワローズの宮本さんにしてもそうだ。選手生活の晩年はサードに回ることが増えた。サードでゴールデングラブ賞を獲ったこともあった。でも、外から見た印象では、宮本さんはサードに満足していなかったのではないだろうか。まだショートだってできる。心の中にはそんな意識があったように思えてしかたがない。

年齢から来る肉体の衰えは誰にだってある。でも、それを補う方法もないわけではなく、ベテランのショートはみんなそういう工夫をしながらきついポジションを守ってきた。

二〇一四年シーズンを最後に引退したヤンキースのデレク・ジーターは僕より一歳上だが、最後までショートを守り続けた。衰えもあったが、守備位置の正確さや入念な準備で衰えをカバーしていた。

僕はジャイアンツに来てからセカンドで起用されることが多くなった。ファーストやサードに入ることもある。ショートには坂本勇人という生え抜きの若いスターがいる。

「もう、井端がショートのポジションで使われることはないだろう」

そんな見方をする人もいる。でも、僕はジャイアンツに来てからもショートのレギュラーを取ることをあきらめてはいない。その気持ちがなくなったら終わりだとまで考えている。

宮本さんやジーターといった選手は、選手生活の晩年、ややもすると守備の時になんとなく手を抜いたというか、全力で動いていないように見えることがあった。でも、あれは徹底して無駄を省いた結果なのだ。無駄を省いているからこそ、肩が衰え、速い送球ができなくなっても、若いころと同じように走者を刺すことができる。

僕も年齢を重ねるごとに、無駄を省く意識が強くなってきている。徹底した省エネだ。たとえば、ベテランの内野手は、だれが見てもヒットだという打球に対して、あまり反応しないことがある。僕もそうで、それを見て「おまえは全力で打球を追っていないじゃないか」といわれることもある。

しかし、動いて届く打球か届かない打球かの判断はそんなに難しくない。届かない打球に無理やり飛び込んだりすれば、体力は消耗する。それが積み重なっていけば、疲労がたまり、今度は捕れる打球にも届かなくなってしまう。

「ヒットは捕らない」

それが僕のモットーだ。

逆シングルは日本では手抜きみたいに評価する人もいる。打球は体を正面に入れて、きっちり股割りして捕るのが基本だと、日本の選手は子どものころから教わる。ファンにもそういう常識が定着しているので、逆シングルは楽なプレーとみなされてしまうようだ。

自分の場合は子どものころからのスタイルが身についていて、あまり逆シングルの捕球はしないのだが、状況次第ではそうしても全く問題ないと思っている。

内野手の中には打球の正面に体を入れるということにこだわりすぎて、さばける当たりも処理できないという人もいる。程度の問題なのだ。

ただ、ひとつ注意したいのは、投手に対する影響だ。逆シングル＝楽なプレーというイメージは投手にも強くある。だから、逆シングルでさばきに行ってエラーをすると、投手のほうは「おい、ちゃんと捕りに行ってくれよ」となってしまう。不信感が生まれてしまうのだ。省エネプレーの難しいところだ。

こういう誤解を生まないようにするには、口で説明してもダメ。動きが手抜きに見えた時は、説明しても言い訳にしか聞こえない。

結局は、ひとつひとつのプレーで技術を出し惜しみせず、周りを納得させることだろう。ヒットでもなんでも飛び込むというのではない。捕れる球なら確実に捕りに行く。やれる時に手を抜かない。そうやって信頼されるようになる以外に方法はない。

エラーは全て記憶

選手は成功より失敗を覚えている。投手は三振を取った場面よりホームランを打たれた投球のほうをよく覚えているようだ。

僕も同じ。僕はプロに入ってからホームランを五十五本打ち、エラーを七十数個記録しているのだが、ホームランの中には忘れているものもあるのに、エラーはほぼすべて記憶している。どういう場面で、どんなエラーをしたか、さかのぼって全部説明することができる。エラーをして申し訳ないという気持ちはどんな野手でも持つだろうが、僕は人一倍強いのかもしれない。

野手の中には三振がいやで、三振をよく覚えている人もいる。三打席連続三振だと気分が悪いから、強引に当てに行く選手もいる。

僕は三振よりエラーのほうが気分が悪い。四打席四三振は簡単に忘れてしまうが、ひとつのエラーはいつまでも覚えている。

その七〇回余りのエラーの中でも特に覚えているものがふたつある。

ひとつはジャイアンツと戦った二〇〇九年のクライマックスシリーズ。ファイナルステージの第三戦だ。

二点リードの八回裏、ドラゴンズは浅尾拓也が投手で、逃げ切り態勢に入っていた。走者を一人置いて亀井義行（現・善行）の打席。当たりは小フライになって、ショートの僕の前で小さくバウンドした。そのバウンドが人工芝なのに変則的な跳ね方をして対応できず、エラーになってしまった。その直後、代打の脇谷亮太に二塁打が出て逆転。そのまま試合も負けてしまった。

バウンドを読むのが難しい当たりだったが、言い訳はできない。結局そのシリーズは負けてしまったので、よけいに鮮明に覚えている。

もうひとつは二〇〇五年四月の豊橋でのカープ戦。同点で延長戦に入っていたのだが、僕のエラーで走者が出て、そのあと代打の浅井樹《いつき》さんに二塁打を打たれて負けてしまった。僕のエラーがなければ少なくとも負けはなかったはずだ。

豊橋から名古屋までの帰りのバスの時間がものすごく長く感じた。バスに乗っている時、友だちから電話がかかってきた。試合を見ていて、慰めてくれるのかと思ったら、「おーい、元気か。おれ、今日ホールインワンをやっちゃったんだよ」とのんきなことをいう。こんなときに何だ。腹が立って、ケータイを叩きつけてやりたくなった。

やってしまったことは忘れたほうがいい、気持ちの切り替えが大事だと巷《ちまた》では言われる。でも、僕はエラーをしっかり覚えておくことのほうが大事だと考えている。ひとつのプレーがそのプレーをした選手だけでなく、いろんな人に影響を与えるからだ。

エラーは個人の失敗というだけではない。自分のエラーを引き金に次の打者に打たれて投手が交代したとする。その投手はもうそれっきり登板のチャンスが与えられず、大げさにいえば、プロを去らなきゃならないことだってある。

二死から八番打者の打球をエラーする。無難にさばいていれば、その回は終わり、次の回は投手からの打順で、アウトはひとつもらったようなものだ。ところが自分のエラーで九番まで打順が回り、次の回は出塁率の高い一番打者からはじまることになる。

ひとつのエラーが芋づる式にいろんな不利な要素を生んでしまう。そのことを忘れないためにも覚えておくことが大切だ。

ただ、僕はエラーをした時、「ごめん」とか「すまん」とかいって謝ることはしない。試合はまだつづいているからだ。試合がつづいていれば、ファインプレーをする機会も来るかもしれないし、打撃で取り返すチャンスがあるかもしれない。忘れないで、挽回するチャンスをねらうこと。謝るのは試合が終わった後でも遅くはない。

〝アライバ〟は併殺の延長

最後に「アライバ」のことを書いておこう。僕は最初、この言葉を聞いたとき、なんのことかわからなかった。教えてくれた人によると、荒木雅博と井端弘和の頭の字を取って「アライバ」。意味は二塁手の荒木がゴロを捕り、それを僕にトスして僕が一塁に送球し打者をアウトにするプレーのことだという。うまいことをいうものだと感心した。

あのプレーを曲芸みたいだとかいって感心してくれるのはうれしい。でも、僕にとっても、荒木にとっても、あれは特別なものでも何でもない。普通のダブルプレーの延長でやっていることなのだ。

通常、打球が二塁の守備位置に飛ぶとショートが動くことはない。でも、走者一塁の時は、ショートも二塁側に動かないと併殺が成立しない。そうしたケースでは、打球が飛んだ瞬間にショートも二塁側へ動くことになる。それはごく日常的なプレーだ。

でも、一塁に走者がいない時でも、二塁手が捕球して送球するより、あらかじめ二塁寄りに動いたショートに託して送球してもらうほうが速いこともあるんじゃないか。

ある時練習しながら、二人でそんな話になった。

「二塁手がギリギリで捕球して体を反転させても、一塁に強い送球はできない。だったら送球は楽な体勢のショートに任せたほうがいいんじゃないか」

そこで、特別に練習を重ねたわけではないが、ダブルプレー練習の中で何度か試してみることにした。

そんな程度だったが、実際に試合でやってみると、これが見事成功したのだ。ファンやメディアの反響は想像以上に大きかった。別名まで付けられて話題になったのだから、選手としては誇るべきことかもしれない。

最初は年に一回ぐらい見せておけばいいかなんていっていたのだが、そのうち、少し調子に乗ってもっと数多くやるようになった。

知り合いから聞いた話だが、僕らのプレーが成功した時、スタンドの隣の席で見ていた女子高生ぐらいのファンが「あっ、アライバだ」とつぶやいたのを聞いたことがあるという。そこまで親しまれているとは思わなかった。

今は荒木とのコンビは成立しなくなったが、ジャイアンツでも機会があれば試してみたいと思っている。

第四章

打撃の真実

〝井端＝右打ち〟ではない

三年目のオープン戦

守備さえうまくなればなんとかなる。守備が認められればプロでも食っていける。僕は頑固なくらいそう考えて、練習をしていた。二年目の秋季キャンプから三年目の春のキャンプにかけて、高代延博コーチのノックを受けながら、守備を鍛えた話は前にも書いたとおりだ。

それは間違いではなかったと思っている。プロで十七シーズンもなんとかメシが食えたのは、この時磨いた守備の賜物といって間違いない。

でも、不思議なことに、僕が一軍で使ってもらえるようになった直接のきっかけはひとつの打席、バットのおかげだった。

三年目のキャンプは、最初のうち、一軍のメンバーに入って練習していた。キャンプが終わってオープン戦になっても、僕はまだメンバーに残っていた。今はオープン戦の最初から一軍のレギュラークラスが出てくるが、僕の三年目、二〇〇〇年ごろは、レギュラーがオープン戦の中盤になってようやく出てくるのが普通だった。そこで本当の振り分けが行われるのだ。

僕はオープン戦の最初から起用されたが、打撃は全く不調だった。十タコ、十打席連続ヒットなしなんてこともあった。これじゃレギュラーの人が出てくるようになったら、すぐ二軍行きだ。猛烈に焦り、なんとかヒットも出るようになった。

そんな時、高代コーチが「おまえ、外野はできるのか」と聞いてきた。経験がないので正直に「いや、やったことないです」というと、「やったことなくてもできますっていってお け」という。どうやら星野仙一監督が、僕を外野でも使ってみようと考えているらしく、高代さんに「井端は外野ができるのか」と聞いたらしい。高代さんは「できません」というとチャンスが減ると思い、「やれるようですよ」と答えてくれた。だから、外野の練習もしておけというのだ。

僕も試合に出られるのならどんな形でもいいと思っていたので、時間を見つけて外野の練習もやってみた。打球判断は戸惑うこともあったが、守り自体は捕球が中心なので、それほどむずかしい感じはなかった。

外野にも手を広げ、僕はオープン戦の中盤以降、ユーティリティの守備固めみたいな形で試合に使ってもらうようになった。

決死のバント

そろそろ開幕メンバーのふるい分けがはじまるという時、ライオンズとの試合で代打に起用された。投手は松坂大輔。入団二年目で、一番ボールが速かったのではないかというころの松坂だ。

場面は無死一、二塁。ベンチのサインはバントだ。星野監督は送りバントをさせるために僕を代打に送ったのだった。

監督はわざわざ僕を呼んで、「代打行け。バントしてこい」と指示を出した。そして最後に付け加えた。

「失敗したら二軍へ行け」

ヤバい。一瞬、血の気が引いたような気分になった。前の年、一軍では一試合も使ってもらえなかった。一年目の終盤に一軍で使ってもらえただけに、二年目の二軍暮らしはよけい悔しく、みじめに感じた。

「バントを失敗したら、また一年、二軍暮らしか」

苦い思いが頭に浮かんだ。絶対に失敗できない。でも、相手は生きのいい松坂だ。対戦したことは一度もなく、すごいボールを投げるというイメージだけがある。

僕は打力にはからっきし自信がなかった。でも、自分がプロで生き残るには、大きい当たりを打つのではなく、バントや右打ちなど、ベンチの指示を確実にこなせるようにならなければと考え、少ない打撃練習の時間では、そういう意識を持ってやっていた。だからバントにはある程度自信があった。

松坂は自分みたいな非力なタイプには、ストレートで押してくるだろう。空振りする可能性もあるし、バットに当てられても強い打球になって失敗に終わる確率が高い。きっとストレートを投げてくるはずだ。勝手にそう考え、ストレートを第一に考えて打席に入った。

すると、すごい曲がりのスライダーが来た。あわててバットを出したら、なんとか先っぽに当たり、それが絶妙のバントになって転がった。送りバント成功。

もし、予想通りストレートが来ていたら、かえってバットの芯に当たってしまい、強い打球になって失敗バントになっていただろう。

僕はこのバントでなんとか一軍に残ることができた。松坂のスライダーに救われたわけだ。守備を売りにするつもりの僕が、偶然みたいなバントの成功で一軍に残れるようになったなんて、冗談みたいな話だと思う。

このバント成功で、星野監督も僕の名前と顔を覚えてくれたようで、それからは時々話しかけてもらえるようになった。バントを褒めてもらった記憶はないが、時々言葉をかけられる。僕も緊張しながらも少しずつ話ができるようになっていった。

前半戦はポジションが日替わり

バントがきっかけで、三年目のシーズンは一軍のメンバーに残ることができた。開幕からひと月ぐらいはほとんど出番がなかったが、そのうち、守備固めで使ってもらえるようになった。

ポジションはショートが一番多く五十一試合、次がセカンドで二十三試合、その次はサードではなく外野で二十一試合、サードとしては二試合で起用された。起用された試合のうち、四十試合がスターティングメンバーだった。

いろんなポジションで出場し、よくいえばユーティリティ・プレーヤーということになるかもしれない。でも、僕自身は戸惑いがあった。ライトを守ったかと思うと、次の日はショートに入る。その次の日はサードに入って、途中でセカンドに回る。極端にいうと、そんな起用をされることもあり、どういう評価を受けているのかわからず不安になった。

この年、二年目の福留孝介はまだ内野手で起用されていた。僕がショートに入る時は彼がサード、ゴメスがファースト。その場合は、ファーストのレギュラーだった山﨑武司さんが出ないことになる。山﨑さんが出る時は、ゴメスがサード、福留がショートに入って僕が外野に。その時は外野の井上一樹さんが引っ込むという具合で、まるで玉突きみたいだった。

当時のドラゴンズはナゴヤドームに移ってから日が浅く、星野監督は大きいのを打てる打者をそろえるよりは機動力のある野手をそろえようと考えていた。だからどうしても打線は非力になる。相手投手との相性、右か左かといった特徴に合わせて出す選手を変えていかなければならない。それでそんな玉突きみたいな選手起用になったのだろう。

しかし、オールスター明けぐらいから、僕はショートで起用されることが多くなった。福留の守備の負担を軽くさせ、打力を生かそうというねらいもあったのだろうが、自分ではショートのポジションが最も好きで、自分に合っていると考えていたので、このショート定着はうれしかった。

先発出場する時は、二番がほとんどだった。下位を打った記憶はあまりない。二番はバントが多かったり、進塁打を求められたりと、いろいろやるべきことの多い打順だが、約束事をきっちりやるというのは自分の性格に合っていて、苦になるようなことはなかった。

後半からほぼレギュラーのようになった二〇〇〇年は、規定打席には達しないが打率三割を六厘だけ超えることができた。悪い気はしなかったが、浮かれることもない。打席数が増えれば、落ち着くところに落ち着くと客観的に見ていた。

工藤さんとの対戦が自信に

この年、打者として、のちのちまで印象に残る対戦を経験した。

この年はちょうど工藤公康さんがジャイアンツに移籍した年で、開幕直後のナゴヤドームで、工藤さんがドラゴンズ相手に先発してきた。工藤さんは愛知の出身で、高校も名古屋だったので、特別に張り切っていたのかもしれない。切れのいいボールがコーナーにびしびし決まる。ドラゴンズは全く打てず、二ケタ三振を喫して完封負けしてしまった。僕はスタメンではなかったので、ベンチで工藤さんの投球を見ていたのだが、大ベテランの年齢を全く感じさせない投げっぷりに圧倒された。

ドラゴンズはこの完封ですっかり牙を抜かれ、三連戦の残りの試合も打撃不振に陥って、三試合連続二ケタ三振で三連敗と無様な負け方をしてしまった。

それから一カ月後のゴールデンウィーク。今度は東京ドームでジャイアンツ戦があった。

ジャイアンツは初戦に工藤さん、二戦目、三戦目もナゴヤドームの時と同じ投手を立てるローテーションで返り討ちをねらっていた。

負けず嫌いの星野監督は、同じ相手に同じ失敗を繰り返すようなことが一番嫌いだった。だから思い切った策に出た。

ナゴヤドームの時とスタメンをガラッと変えて工藤さんに挑んだのだ。僕はこの試合に先発出場させてもらった。

先発メンバーに入ったのはうれしかったが、「絶対に打ってやる」といった気合いの入った感じは正直なかった。名古屋でレギュラーの人が打ちあぐんだ大投手である。自分が力んだって、打てるはずはない。むしろ気楽な気持ちで試合に臨んだ。

それがよかったのだろう。僕は工藤さんからタイムリーを含む二安打を打って、勝利に貢献した。四対〇の完封で名古屋の敵《かたき》を東京ドームでとったのだ。

「あっ、もし打っちゃったらどうなるんだろう」

そんな気分であまり深く考えずに打席に立った三年目の小僧を見て、工藤さんはかえって混乱したのかもしれない。

工藤さんを打ち込んだことで妙に自信がつき、僕は残りの二試合でもマルチ安打を記録した。それもすべての試合で打点がついてのものである。

打撃に関しては、自分に期待するところがほとんどなかったのだが、この三連戦は精神的な支えになった。

守備ができれば打撃もよくなる

その次の年、二〇〇一年は百四十試合に出場し、レギュラーを完全につかんだ年だったが、打率は二割六分二厘、前の年三本打てたホームランも一本だけと、数字の上では打撃の進歩はないように見えた。でも、前の年に浮かれたりしなかったように、この年、数字が落ちたことにがっかりもしなかった。

僕は打撃についても、守備との関連で考えていた。守備に頭を使わなくなれば自然と打撃もよくなるだろう。

最初はいろいろなポジションで起用され、それぞれのポジションでやるべきことが違い、それを考えるだけで手いっぱいだった。ショートに定着しても、プロのショートとしての経験は少なく、足の運びひとつにしても考えることがたっぷりあり、打撃のことを考える余裕はなかった。

／守備の場合、考えながらやっているうちは、本当のプロのプレーとはいえない。僕はそう考えている。

打球を見て、「こっちに動いて、こういう送球をしよう」なんて考えながらやっているうちはいいプレーもできないし、安定もしない。頭で考える以前に、体がスムーズに反応して動けるというのが本当のプロの動き、内野手の動きなのだ。

考えなくても体が動くような守備ができれば、打撃を考える余裕ができ、配球や状況への目配りもできるようになって、もっと数字がよくなるだろう。誰かにそういわれたわけではないが、そんな考え方を持っていた。

自分の守備が、考えなくても動ける領域に入ってきたのは二〇〇四年のシーズンぐらいからではないか。ちょうど落合博満監督が就任したシーズンあたりからだ。

試合に入れば、だれでも緊張感は高まる。緊張感の中で、どれだけ練習に近いプレーをするか。それが大事になる。

この年ぐらいから、僕は緊張しながらも、練習で抱いていたイメージとほぼ同じ動きができるようになってきた。

それまで三年続けて規定打席に達してはいたが、打率は二〇〇二年の二割九分が最高で、あとの二シーズンは二割六分台と自慢できるようなものではなかった。ショートで二割六分台なら上出来だなどといってくれる人もいたが、当然満足はできない。かといって、特別新しいものを取り入れるようなこともしなかった。行き当たりばったりだったのだ。

キャンプに緊張感をもたらした落合監督

そんな僕の打撃が変化したのは落合監督との出会いがきっかけだった。

落合さんは、就任早々、「二月一日のキャンプ開幕日には全員が試合に出られる状態に仕上げておくこと」というお触れを出した。

メジャーリーグなどではキャンプに入るとすぐに試合形式の練習がはじまるし、そういう影響を受けて、今はレギュラークラスでも全体に仕上がりが早くなっているが、十年ほど前の日本球界では、まだ主力はキャンプの第二、第三クールぐらいから試合に出るようなじっくりと時間をかけた調整が多かった。

当時のドラゴンズには山本昌さん、立浪さんのようなベテランも多く、そういう人たちには特例を認めるのかと思ったら、落合さんは一切例外を認めなかった。だから例年よりもびっしり自主トレをやり、仕上がり十分でキャンプ初日に臨んだ。それだけ緊張して入ったキャンプはこの時が最初で最後だ。

落合さんのやり方は僕には刺激的だった。レギュラーポジションを獲得して三シーズン、大きなケガやスランプもなくプレーしてきた。でも、よく考えてみると、ただ、与えられたポジションで求められる役割を果たしてきただけで、野球の微妙な部分、本質的な部分をほったらかしにしてきたのではないかという反省が僕にはあった。

もちろん与えられた役割をやるのだって大変なことなのだが、もっと野球って何だ、どこにキモがあるんだということを考えながらプレーしなければ、体力が少し衰えたら、それで終わりということになってしまうだろう。

どこかにそんな焦りを感じていた僕にとって落合監督は、野球の深い部分を考える機会を与えてくれたのだ。

セオリーばかりが野球じゃない

そのきっかけになったプレーがある。落合さんの就任一年目。二〇〇四年の五月。ナゴヤドームでのスワローズとの試合でのことだ。一死走者一塁で、僕が打席に立ったことがある。

一死走者一塁だから、大差でもついていない限り、二番打者は走者を進めることを考える。

バントの指示が出ればバントだが、そうでない場合は原則として右方向をねらう。

僕は右打ちにはある程度自信があった。二番打者として評価されたのもバントと右打ちの技術のおかげだったと思う。当然相手は僕の右打ち、進塁打を警戒してくる。右に持っていきにくい球を投げても来る。それをファウルで粘ったりしながら、打ちやすい球が来るのを待って右に運ぶ。

何年か、そういう原則通りのプレーを習慣的に続けていたので、だんだんそれが小細工みたいになっていた感じもあった。

相手が読んで警戒してくる中で、ひたすら右打ち、逆方向への打球にこだわっていたのでは限界が来る。マンネリといったほうがいいかもしれない。僕はセオリー通りの右打ちをマンネリではないかと考えていた。

そういう時に迎えたのがこの打席だった。ベンチからはバントやエンドランのサインは出ていない。

「お前に任せる」

それが監督の判断だった。

そこで僕はいつも通り右に進塁打を打とうとした。ところが、僕の右打ちは相手もだいぶ警戒していて、なかなか打てるような球が来ない。追い込まれたこともあり、最後は打球の方向は考えず、とにかく強い打球なら間を抜けるかもしれないと強振した。打球は三遊間に飛んだ。

ねらい通り強い当たりは打つことができたが、抜くことはできず、結局併殺に終わった。二番打者としての役割を果たすことができず、僕はちょっと反省した。

ところが、翌日の新聞に載った落合監督のコメントを読んで、びっくりした。

「今日の収穫は、井端のサードゴロだ」

そんなコメントが載っていたのだ。最初は意味がよくわからなかった。落合さんは聞いても説明してくれるような人ではない。自分で考えるように仕向ける人だ。僕は自分なりに一生懸命考えた。

相手はこっちの右打ちを警戒して右には打たせないような球を投げてくる。右には打たせないような球なら引っ張るには向いている。だから、そういう時は引っ張ったっていい。併殺は右打ちをさせないような球を引っ張ったもの。それは今まで自分がやらなかったことだ。だから収穫なんだ。僕はそう理解した。

無死走者一塁で、次の打者の役割はなにか。打球を右方向にころがすことではない。走者を進めることだ。結果的に走者を進めることができれば、打球の方向なんか問題じゃない。引っ張って三遊間を破ったっていい。

特に、僕には「右打ちがうまい」というイメージが染みついている。相手のバッテリーも、右打ちしやすい外角の甘い球を投げてくるようなことはしない。内角で詰まらせるか、外角のボール球を引っかけさせるかだ。だったら、思い切って引っ張る手もある。

もし、自分が時々引っ張りで進塁打を打ったら、相手は右打ちだけを警戒しているわけにはいかなくなる。つまり、両にらみの戦術を取らざるを得ない。僕のほうからいえば、道がふたつできたことになるわけだ。

このプレーで、僕は決まり切った考え方、惰性でやってきたことへの疑問が深くなった。右打ちにこだわったようなことがほかにもあるかもしれない。もっとひとつひとつのプレーの意味を洗いなおしてみよう。落合監督のコメントが、僕にそういう再検討の機会を与えてくれた。

右打ち・進塁打はあくまでも結果

よく、解説の人などが犠牲フライや進塁打などを打つと、「最低限の仕事はできましたね」

などといっているのを聞く。実は僕もプロに入ってから、けっこう「最低限の仕事」という考え方に影響を受けていた。長く「最低限の仕事だけはやろう」と心掛けているうちに、だんだん「最低限の仕事でいいや」と安易に考えるようになっていたのだ。

でも、最低限の仕事が目標になってしまったのではプロとして失格だ。あくまでも最高の仕事を目指さなければならない。そうでなければ、進歩なんてするはずがない。最初から自分のプレーの目標を引き下げておくのはまちがいなのだ。

犠牲フライを打てば一点入るという場面。最低限の仕事は外野にフライを打つこと。でも、最初からそれをねらう選手がプロにどれくらいいるだろう。

僕は落合監督のひと言をきっかけに、いつも最高をねらうようになった。だから、犠牲フライで一点という場面でもきれいなヒット、芯でとらえた痛烈な打球をイメージしながら打席に立つ。

そう心がけているうちに、「最低限の仕事」という表現は、たまたま結果がそうなったからいっているだけなんだと解釈するようになった。

井端は大きいのはねらわない、しぶとく進塁打をねらう、右打ちが大半だ。そんなイメージを持っている人も多いかもしれない。でも、それはたまたま結果がそうなっただけで、僕自身としては、ホームランとはいわないが、芯でとらえた強烈な当たりのヒットを打つことをいつもイメージしながら打席に立っている。そうイメージしないと、最低限の仕事もできない。

思い切り引っ張って、レフトに強い当たりを打とうとねらって打席に立つ。その時、外角に逃げる変化球が来る。思い切り引っ張ろうと腕を伸ばしていると、そういう球にもうまく手が伸び、バットに当たってライト前に落ちるヒットになるようなこともある。

野球は対応のゲームだ。相手がこう来る。となれば、自分はこう出る。投手も同じだ。ストレートの得意な打者が、少し甘いコースのストレートをあっさり見送る。投手は「あれ、変化球を待ってるのかな」と考える。ストレートが得意な打者だから、変化球で勝負しようと思っていたのに、ねらいは変化球らしい。だったら勝負はストレートだ。そう考えてまたストレートが来る。それをこっちは思い切りひっぱたく。もちろん、逆にやられることもある。

セオリーや役割を意識することも大事だが、それより大切なのは読みだ。特に僕のように、打力がそれほどない打者にとっては守備以上に打席での読みが重要な意味を持っている。

攻撃も〝アライバ〟が機能

とはいっても、役割を意識しないわけではない。二番だからどうだとか、一番だからこういうのが普通だとかいうよりも、チーム状況の中で自分の打順はどういう意味を持つのかを考えるのがポイントではないか。

やはり二〇〇四年シーズンのこと。この年は、一番荒木、二番井端、三番立浪さんという打順が多かった。立浪さんはこの年、得点圏での打率がものすごく高かった。だから、僕はちょこまか細工を考えるよりも、立浪さんがどれだけ気分良く打席に入ることができるかを意識して、そうなるような場面作りに努めた。

チャンスに強い打者が気分よく打席に立てる状況。それは点が入りやすい状況である。走者が二人なら一、三塁か、二、三塁。ひとりなら一塁ではなく二塁、もしくは三塁。自分の前に荒木が出塁していたら、ただ荒木を進めるのではなく、できれば自分も塁に出て、二、三塁か一、三塁で立浪さんに立ってもらう。進塁打で「一丁上がり」ではダメだと思っていた。

幸い、この年は荒木も好調で、出塁率が高かった。荒木が塁に出たら、まず走ってもらって、僕も続く。凡打しても、外野フライか内野ゴロで荒木に三塁まで行ってもらい、打席に立浪さん。それを意識して打席に入ることが多かった。

だから、この年の成績を見ると、荒木の盗塁数が飛躍的に増えている。出場の試合数はほぼ同じでも、前の年、二〇〇三年には十六個だったのが、この年は倍以上増えて三十九個を記録した。

僕の記録にも変化が現れた。僕は前の年、一〇五試合に出場して三〇の犠打を記録している。二番打者だからということもあり、比較的多い数字だ。

ところが二〇〇四年は一三八試合に出場しているのに、犠打は十八個にとどまった。ベンチのサインがそうだったからというのが一番の理由だが、荒木の足と連動させて、立浪さんの前でチャンスを大きく広げておくという考えが浸透して、こんな数字になったのだろう。

荒木と僕は守備で名コンビといわれたが、打つほうでのコンビネーションもけっこうよかったと思っている。年齢は僕がふたつ上で、一軍に定着したのも僕のほうが一年ぐらい早かったが、だいたいほぼ同じ時期に先発で使ってもらえるようになった。

荒木の足を生かし、大きなチャンスを作るのが僕の役目。そう考えていたので、荒木の走るタイミングにはずいぶん注意した。そのうちに、だんだん走るか走らないかのタイミングがわかるようになってきた。

「行くのか、行かないのか、どうするんだ」

打席の中でそんなイライラを感じることが次第に減っていく。もっと慣れてくると、「このボールで行く」というのがわかるまでになった。

ほかの人には説明しづらいのだが、荒木のちょっとしたしぐさなどでそれがわかる。

「あっ、走るぞオーラが出ているな」

間違えることはほとんどなくなった。特別に「こう動いたら走る」とかいったことを話し合ったことはない。守備の「アライバ」が特別に練習したプレーではなく併殺プレーの延長だったように、荒木の盗塁とそれをサポートする僕の動きも実戦の積み重ねの中でつかんだものだった。

荒木とは妻と知り合うよりずっと前に一、二番の二遊間としてコンビを組んでいた。嫁さんよりも付き合いが長いのだからだいたいのことはわかる。

今は別れてしまったが、彼とのコンビが僕を成長させてくれたのは間違いない。

落合竜の前評判は低かった

落合監督の就任は、僕個人にとって大きな出来事だったが、いうまでもなくドラゴンズにとっても大きな出来事だった。

落合監督に対する周囲の期待は、最初、それほど高くはなかった気がする。ペナントレースの順位予想でも、ドラゴンズを高く評価する人はあまりいなかった。

やっている僕らのほうも、大きな補強があったわけではなく、顔ぶれもあまり変わらないので、それほど自信があったわけではない。だが、「キャンプ初日に試合ができるように仕上げてこい」という指示を皮切りに、落合さんの方針がチームに浸透していくと、シーズンに入って波に乗り、五年ぶりのリーグ優勝を果たすことができた。

落合さんに対する自分のイメージは「寡黙な人」「マイペースの人」というもの。僕がプロに入ったころは、まだファイターズで現役だったが、直接話したことはなく、外から見る印象もあまり話をしない孤高の人というものだった。マイペースというのは、マスコミが「オレ流」とかいって必要以上に強調したものを真に受けていたからだろう。

でも、実際に監督として来られた落合さんは、寡黙でもマイペースでもなく、にこにこしながら選手に話しかけてくる、構えたところのない人だった。

話はほとんど野球のこと。プライベートなことや冗談っぽいバカ話みたいなのはあまり聞いたことがない。意味のない元気づけみたいなこともほとんどなかった。

もちろん、こっちから気軽に話しかけるなどということはできず、例の「収穫は井端のサードゴロ」のコメントも、真意をうかがうことはできなかったのだが、選手に野球を考えさせるヒントを与えてくれたのは確かだ。

落合さんが就任すると、練習時間は飛躍的に増えた。キャンプでは朝から日が落ちるまでぶっ通しで練習ということも珍しくなくなった。でも、二十代後半にさしかかっていた僕にとって、この猛練習は、小手先のプレーを止めて体を鍛えなおし、もう一段飛躍するために大変役に立った気がする。

前評判は良くなかったもののリーグ優勝を果たしたドラゴンズは、日本シリーズでライオンズとぶつかる。このシリーズで忘れられないプレーがあった。

第一戦を落として迎えた第二戦。舞台はホームのナゴヤドームだ。ライオンズの先発は松坂大輔。三点リードされた七回裏、僕は一死一塁の場面で打席に入った。僕のあとの三番には立浪さんが控えている。ペナントレース中に何度も経験した場面。チャンスを広げてビッグイニングにつなげるのが自分の役割だ。僕はなんとかヒットを打つことができ、走者一、三塁とチャンスが広がった。

もちろん、マウンドの松坂もピンチを迎えてアドレナリンがいっぱい出ているのが外から見ていてもわかるぐらいの状態である。

このころの立浪さんは年齢的なこともあって、左方向への打球が多くなっていた。基本的には引っ張りの得意な打者なのだが、パワーの衰えも考え、逆方向のレフトにも打つようになっていたのだ。

しかし、この打席の立浪さんは違った。一番脂がのり、パワー全開だったころの松坂のストレート、だいたいは一五〇キロを超えるような球にねらいを絞り、それを思い切り右に引っ張った。痛烈な当たりがライトスタンドに飛び込んだ。同点スリーラン。見ていて思わず寒気がするような強烈な一発だった。これで勢いづいたドラゴンズは一気に逆転し、大事なホーム第二戦をものにすることができた。シリーズは、最終的には勝つことができなかったが、大舞台での大選手の集中力を見せつけられた一発だった。

やり残した〝宿題〟

落合監督が就任されてから、ドラゴンズは優勝争いの常連になった。リーグ優勝は四回、日本シリーズの優勝も一回、Bクラスになったことは一度もなかった。

僕自身の成績も充実していった。転機になった二〇〇四年から四シーズン連続してベストナインに選ばれ、ゴールデングラブ賞も二〇〇四年に最初に受賞すると、その後六回受賞することができた。

途中で荒木と守備位置が替わった年もあったが、大きな問題もなくこなすことができた。でも、優勝を重ねたり、日本一になったからといって、僕自身は必ずしも満足していたわけではない。

日本一になった二〇〇七年のシーズンでも満足からは遠かった。というのは、この年の日本シリーズ出場がペナントレース二位からの「下克上」だったからだ。

二〇〇七年のペナントレースは開幕から好調で、オールスター前には、「今年は優勝だ」とチーム全体が自信満々だった。前の年はリーグ優勝しながら日本シリーズで負けていたので、今年はなんとしてもペナントもシリーズも優勝というのがみんなの気持ちだったのだ。

ところが、オールスター明けから、故障者が出たりして調子を崩し、そのうちにジャイアンツやタイガースに追い上げられて、急に苦しくなった。それでもなんとか九月の下旬にはマジックを点灯させたが、あとひと押しが足りず、結局リーグ優勝はジャイアンツにさらわれてしまった。

この年からセ・リーグもクライマックスシリーズが導入された。ドラゴンズはまずタイガースと第一ステージを戦った。これは僕らにとってはじめての経験だったので、ものすごく緊張した。ふたつ負ければ終わりなので、一試合の重みがペナントレースとは全く違う。タイガースとの戦いは、JFKといわれた相手の強力なリリーフ陣をなんとか攻略してドラゴンズが勝ったが、連勝した割には疲れの残るシリーズだった。

これに比べると、ジャイアンツとの第二ステージは戦いやすかった。相手のホームで五試合戦い、三つ勝たなければならないという条件はきつくないことはないが（現行は六試合で四戦先勝、上位にアドバンテージ一勝）、シーズン中の対戦成績も悪くなかったし、なんとかなるだろうという気持ちで臨んだ。

ああいう短期決戦では頭の試合、つまり第一戦を取ることが大事だと僕は考えている。よく、シリーズは偶数番目の試合が大事だとかいろいろいわれるが、やはり先手必勝、勝ちを先行させたほうが断然楽に試合を運べる。

　この時もドラゴンズは第一戦を取ったことで、全員がリラックスして残りの試合を戦うことができた。僕も一戦、二戦で打点をあげるなど、まずまずの結果を出せた。

　日本シリーズもその勢いのまま、前の年に敗れたファイターズを四勝一敗で下して、チームは五十三年ぶりの日本一になったのだが、リーグ優勝を果たしての日本一ではなかったので、どこかしっくりしないものが残った。まだ宿題をやり残しているといったほうが正確かもしれない。

　だから二〇一〇年、二〇一一年とリーグ優勝した時は、なんとしてもシリーズ制覇をと意気込んだが、逆にそれがあだになったのか、あと一歩で届かなかった。ペナントレースを制して、クライマックスシリーズも勝ちぬき、日本シリーズも制覇する。文句なしの完全優勝は僕にとっての宿題で、ユニフォームを着ている間に、なんとか実現させたい。

自分はあくまで〝準備重視〟の選手

　一三年のＷＢＣで同点タイムリーを打つなど少しばかり目立った活躍をしたので、短期決戦が好きなのだろうとか、集中力が出るので向いているのではなどと言ってもらえることがある。たしかに短期決戦の緊張感は嫌いではない。でも、変な言い方になるが、短期決戦は落ち着いて戦えないところがある。

僕は準備を重視するタイプだ。どの選手もプロならしっかり準備して戦うことは当然だが、自分のコンディションを整えて準備するだけでなく、相手のデータ、傾向もしっかり頭に入れて戦いたい。

選手の中には自分の調整は重視するが、相手のデータなどはあまり気にしない、感性重視みたいな選手もけっこういる。そういう選手は短期決戦ではまると、「シリーズ男」的な働きをするのではないか。

僕は日本シリーズなどの打率を見ても、あまり好成績とはいえない。それは僕が準備重視型の選手だということと、少し関係があるような気がする。

年間二十四試合も戦うような同じリーグの相手なら、傾向はだいたいわかるし、その傾向を変えてくる感触もつかめる。

「今までは外の変化球中心で攻めてきたけれど、こっちの成績を見て内角も増やしてくるのではないか」

「今までは足をからめたエンドランなどはあまり見せなかったが、メンバーも入れ替えて、そろそろそんな手に出るのではないか」

何度も対戦していると、そんなことがわかってくるし、その裏をかく楽しみもある。

ところが、短期シリーズでは、そういう読み合いはほとんどできない。だから、相手を読んでプレーするより、単純な身体能力の勝負になる傾向が強い。力比べはスポーツの醍醐味だが、野球はそれだけでないところに面白みがあると思っているので、僕は短期決戦を単純に楽しむことができない。

短期決戦ではないが、セ・パ交流戦も似たようなところがある。現行の制度ではシーズンで一チームにつき四試合だけの対戦。これだと、読んで戦う、相手に合わせた準備を怠りなくやるという戦い方ができない。そのせいか、交流戦になると、なんとなくあたふたしているうちに試合が終わってしまうように感じることがよくある。

心に残るCSでの一戦

ただ、交流戦や日本シリーズに比べると、同じ短期シリーズでも、クライマックスシリーズは同じリーグ同士の戦いだから、もう少し戦略的というか、いろいろ読み合うような戦いができる。

クライマックスシリーズの試合の中で、自分の印象に残っているのは二〇一一年のファイナルステージ、スワローズとの第五戦だ。

このシリーズはドラゴンズがリーグ優勝して、勝ち上がってきたスワローズを迎え撃つ形ではじまった。ドラゴンズには一勝のアドバンテージがある。

きわどい投手戦になった第一戦をものにしたドラゴンズは、アドバンテージと合わせて二勝となり、残り五試合でふたつ勝てばいいという有利な状況に立った。スワローズは故障者も多く、あまりなじみのない若い選手が先発出場するなど、戦力的にも苦しそうに見えた。

そんなことで油断したわけでもないのだが、ドラゴンズは続く第二戦、第三戦をともに一点しか取れず、連敗してしまった。それでも第四戦を取って、ようやく王手。そして迎えたのが第五戦である。

僕は前の年に発病した目の病気の影響が残り、不本意なペナントレースを送っていた。出場試合数は一〇四試合で、打率はプロに入ってから最低の二割三分四厘に終わっていた。だから、クライマックスシリーズはシーズン中の不調を挽回したいと必死だった。幸い、体調もなんとか戻り、第四戦を終わって四安打とまずまずの成績を残していた。

第五戦のスワローズの先発は館山昌平だった。スリークォーターからスライダーを中心に鋭い変化球を駆使する投手で、なかなか考えた攻めをしてくるので、対戦するのが楽しみなひとりでもあった。

ただ、このシリーズは体調が万全ではないらしく、最初はリリーフに回っていたのだが、チームが土俵際に追い詰められたので、先発のマウンドに立っていた。

館山の投球は気迫あふれるもので、それに押されぎみのドラゴンズは五回を終わってたった一安打に抑えられていた。

第五戦で負けると、第六戦は本当の決戦。星勘定は五分だが、スワローズのほうには順位が下という気楽さがある。ドラゴンズにとって、ホームで連敗してシリーズを落とすというのは最悪の展開で、その分重圧も大きい。できれば第五戦で決着をつけたい。

〝あのとき〟と同じ状況

「なにか起こってくれないか。だれかがなにかを起こしてくれないか」

試合の途中から僕はそんなことを考えていた。

六回、一死から一番の荒木が四球で出塁した。荒木が出て僕に回るというドラゴンズの黄金パターン。「なにか起こらないか」と人任せに思っていたが、なにかを起こす役割が回ってきた。

セオリーはチャンスを広げるために荒木を進塁させる当たりを打つこと。一死だからバントはない。右ねらいが一般的だ。相手バッテリーも僕の右ねらいを警戒してくるだろう。

でも、僕は右ねらいなどは考えなかった。

「思い切って振ってやれ」

さすがにホームランまではイメージしなかったが、外野の間を抜けるぐらいの大きな当たりを打つ姿を思い描いて打席に立った。

その時は意識しなかったが、あとで考えれば、それは、僕が以前落合監督から併殺打を評価されたのと同じ状況だった。思い切り行ってやれと考えたのは、無意識にその時のことが浮かんでいたのかもしれない。

バッテリーの配球はすべて変化球だった。変化球を引っかけさせて三遊間の方向に内野ゴロを打たせる。そんなねらいが感じられた。

コントロールよく決まっていたので、僕は一球も振らなかった。カウントは２ボール２ストライク。

これまですべて変化球である。館山とは何度も対戦していて、いくつかの特徴は把握していた。スライダーにいいものがあるし、シュートも投げる。基本的には両サイドの揺さぶりが武器の投手だ。

もうひとつ、変化球で追い込んだあとは、かならずといっていいほど内角にストレートもしくはシュート系のボールが来る。この場面の理想はショートゴロの併殺である。それをねらうにも内角寄りの速い球、シュート系の球はもってこいだ。絶対それが来る。

もし読みが外れ、外寄りのスライダー系が来たら、バットを投げ出してでもファウルにする。ねらいは内角のストレート、シュート。腹が決まった。

五球目。予想した通りのシュート系の球が来た。僕は思い切りバットを振った。打球はレフトスタンドに飛び込んだ。

この年、ペナントレースではたった一本しかホームランを打っていない僕が、緊迫した場面で好投している相手からツーランを打った。味方にとっても大きかったが、打たれた側のショックも大きかったろう。結局館山は僕に打たれて降板し、ドラゴンズはスワローズの反撃を一点に抑えて逃げ切った。僕のツーランが決勝点になったわけだ。

短期決戦の一発勝負で飛び出したラッキーパンチ。そんな見方をされても仕方がない。相手バッテリーも、右方向に進塁打を打たれることはあっても、ホームランまでは予想していなかったろう。

でも、油断につけ込んだ一発だとは思っていない。このホームランに至るプロセスがある。館山との対戦の中でつかんだ傾向、ねらいがあり、それをもとに勝負をかけた。今までの蓄積が打たせてくれたホームランだったといえるかもしれない。

決して勝負強いわけじゃない

「井端はチャンスに強い」

「大舞台で頼りになる」

そんな評価をしていただくことがある。ほめられて悪い気はしないし、そうありたいとも思っているが、数字だけを見れば、決して大舞台で強いほうではない。日本シリーズにも何度か出ているが、MVPをはじめ優秀選手賞や敢闘賞などはもらったことがないし、通算打率も確か二割に届いていないのではないか。

きっと、勝負強いイメージで見られているのは、二〇一三年のWBCのことがあるせいだろう。負けたらアメリカ行きの可能性が消える台湾戦の九回、二死から打った同点タイムリーが、僕を短期決戦男、勝負強い選手に見せてくれているのだろう。

たしかにＷＢＣは台湾戦だけでなく、得点圏打率六割六分七厘といい数字を残すことができた。

でも、ＷＢＣでの打撃は館山から打ったホームランとは全く性質が異なっている。館山からの一発は準備と蓄積が打たせたものだ。

一方、ＷＢＣでのタイムリー安打は、どちらかといえば、気持ちの結果、心理状態を反映した結果だった。

前にも書いたが、僕はＷＢＣのメンバーに選ばれるとは思ってもいなかった。前の年の親善試合のメンバーに入ったので、万が一の場合を考えて、年明けの代表合宿に合わせて早めの体づくりだけはしていたが、正式にメンバーに選ばれたあとも、試合に出ることはあまりないだろうと思っていた。

侍ジャパンの打撃コーチは立浪さんだった。立浪さんは「代打の一番手だ」「もしかしたらスタメンもあるぞ」などと声をかけてくれたが、やる気を出させるためにそんなことを言ってくれているんだくらいにしか思わなかった。

だから、大会がはじまっても、心理的にはすごく楽だった。重圧なんて感じない。国際大会での配球の傾向や、ストライクゾーン、相手投手の特徴などはひと通り頭に入れていたが、毎年何度も対戦するセ・リーグの投手とぶつかる時のような、読んだり読まれたりといった駆け引きはやりたくてもできない。準備も無難なものになった。その白紙に近い状態が、きびしい場面で思い切りよくバットを振ることができた一番大きな理由だったと分析している。

やっぱり最後は実力

僕は短期決戦でも、結局勝負を分けるのはそのシーズンのトータルの力ではないかと思う。

WBCでは準決勝のプエルトリコ戦のダブルスチール失敗が話題になった。あのプレーに関しては、いろいろいいたいこともあるが、でも、負けたのはあのプレーひとつがうまくいかなかったからではない。

開幕のブラジル戦で思わぬ苦戦を強いられたように、チームの総合力が優勝を争うところまではいっていなかったことが、一番大きな敗因ではなかっただろうか。

短期決戦は勢いに乗ったほうが勝ちという意見もある。でも、勢いだけで最後まで突っ走るのは簡単ではない。

自分の体験した短期決戦の中でも、勢いを感じたことは何度かある。

一番近いところでは、二〇一二年のクライマックスシリーズのセカンドステージだ。ドラゴンズはファーストステージを勝ち上がり、セカンドステージでペナントレース優勝のジャイアンツと対戦した。

この年のペナントレースはジャイアンツがドラゴンズに十ゲーム半の差をつけてぶっちぎりの優勝を決めていた。これだけの差がついたので、クライマックスシリーズもジャイアンツが楽勝するのは間違いないという意見が大半だった。

僕らも「食ってやろう」という気持ちがないわけではなかったが、独走を許していたこともあり、「東京に一日でも長くいられればいいや」といったスタンスで、シリーズに臨んだ。

ひとつ勝ち、ふたつ勝ちで、あっという間に三連勝して王手をかけた時も、「このまま行ってしまうんだろうか。いや、そんなにうまくいくはずはないな」と疑いの気持ちはなくならなかった。

あのシリーズ、もしドラゴンズがジャイアンツを破る可能性があったとすれば、それは四連勝しかなかったのではないか。

「こんなにうまくいくはずがない」とか、常識にとらわれて疑問を感じながらプレーしたのでは、最終的には力が上のものを倒せるはずがない。なにも考えずに目先の勝ちを追求し、気づいたら四連勝という形が理想だった。

しかし、結局無心で突っ走ることはできなかった。

ジャイアンツのほうも、三連敗した時はだいぶ追い詰められていたはずだ。でも、ひとつ勝つことで、自分たちの本来の姿を思い出した。ペナントレースでは自分たちが大差をつけて優勝したじゃないか。チームの体力、総合力では絶対に自分たちが上だ。ひとつ勝ち、ふたつ勝つ中で、その自信を取り戻したのだろう。

十七年やってこれた本当の理由

クライマックスシリーズが取り入れられて、ペナントレースの優勝の価値が下がったという人がいる。でも、僕はそれは間違った見方だと思う。長いシーズンを戦いぬいた結果というのは正直なものだ。チームのトータルな力をちゃんと反映しているものなのだ。

トータルの勝負ということでいえば、僕自身も同じようなものだ。

ドラフト五位で入団し、大きな期待を集めて迎えられた選手ではなかった。入って二年間は、いつ首を切られても不思議のない立場だった。

肉体的な資質に恵まれているわけでもない。パワーはないし、スピードにしても、平均レベルより少し上かもしれないが、荒木みたいな傑出した足は持っていない。

そういう僕が生き残るためには、総合力で評価されるしかない。守りはもちろんだが、打撃も打順に沿った役割をきちんと果たすことができる、走塁も相手のすきをきちんとつくことができる、総合的に役割に忠実な選手になるしかない。大記録を作ったり、タイトルを争うよりも、場面ごとに役割を果たし、評価される選手になろう。そうやって努力してきた。

そのためには準備と蓄積が大事だ。シーズンのどの試合でも、求められることはなにかを考え、相手を研究して、しっかり準備する。ミスも犯すかもしれないが、それを自分の教訓としてきちんと記憶し、次の機会に役立てる。それが十七年間プレーできた一番の大きな理由ではないかと思う。

勝負強い、チャンスに強いといってもらえることはうれしい。でも、僕が一番うれしいのは「しつこい選手だ」といわれることだ。肉体的な資質に恵まれなかったが、僕はしつこさでは負けない自信があった。ひとつのプレーを徹底して練習し、自分のものにする。右方向への打撃も、荒木との併殺プレーも素質だけでこなしてきたわけではなく、しつこい練習を積み重ねて身につけたものだ。

記録では目立たないかもしれないが、総合的にはチームの役に立つ。優勝を争うチームのピースのひとつとして、いつも渋い光を放つ。それが理想で、目標だった。それがどれくらい実現できたかは、自分が評価を下すことではないのだが。

第五章

このままでは終われない

試練と再挑戦

近年はショートも大型化

僕の身長、体重は一七三センチ、七五キロ。これはシーズンに入る時の数字で、実際の試合ではもう少し少ない七三キロぐらいでプレーすることが多い。プロ入り一年目のシーズンがはじまる時の体重は七二キロだったから、ほとんど変わっていない。

高校に入った時、体の細さを監督から指摘され、猛烈に食べて大きくした。それからあとはほとんど体格の変化がない。プロに入った時でも小柄なほうだったが、最近は大きい選手が増えているので、周りの人からはよけい小さく見えるかもしれない。

僕が入団したころは、一九〇センチを超える選手は日本人にはいなかったと思う。体重も、一〇〇キロを超える選手は思い当たらない。ドラゴンズでは、投手の山本昌さんが一八六センチと目立つ長身だったが、ほかの投手では武田一浩さんのように一七〇センチ台そこそこの人もいた。

野手でも山﨑武司さんなどは一八〇センチ以上あったが、立浪さんは僕とだいたい同じぐらい、久慈さんは僕よりもひとまわり小柄だった。

今はファイターズの大谷翔平にしても、タイガースの藤浪晋太郎にしても一九〇センチ以上あるし、ジャイアンツでも一八〇センチ以下の選手を探すのが大変なくらいだ。

ショートのレギュラー、坂本勇人は一八六センチある。昔ならバスケットかバレーにでもいったほうがいいといわれそうな長身だ。ショートはきっちり股を割って捕球することが多く、左右の動きも大きいので、長身選手には向かないといわれていた。でも、坂本の動きを見ると、長身がハンデになっているようなことはない。坂本だけではなく、内野では一番遅かったショートの大型化も確実に進んでいる気がする。WBCで一緒に戦ったタイガースの鳥谷敬も一八〇センチぐらいはあるはずだ。

ショートに限らず、以前は一九〇センチを超える選手は、動きに俊敏さが欠けるので、プロでは大成しないなどといわれたものだが、大谷や藤浪を見ていると、そんなジンクスは昔話になった気がする。

長身でもしっかり動ければ、特に問題はなく、パワーがある分、大きな選手が有利という見方もできる。

でも、僕は自分の体格を気にかけたことはほとんどない。差を感じなかったわけではない。パワーの面で大きい人にかなわないと思う場面は何度もあった。でも、プロに入ってからは、今から身長が伸びるわけでもないし、むやみに体重を増やすわけにもいかないので、考えないようにした。自分の排気量で勝負するしかないのだ。

今は〝一病息災〟くらいがいい

かえって高校生ぐらいの時のほうが、体格に対して意識をしていたように思う。あまり大きくなくて助かったと思うこともある。ケガが比較的軽く済み、回復も速いのだ。大きな人は接触プレーなどでぶつかったりすると、自分のサイズがあだになって大きなケガにつながることがある。でも、僕は、小柄だったので、接触プレーが多いポジションだった割には大きなケガは少なかった。肉離れや筋肉の一部の断裂といったことはあったが、長期離脱しなければならないような骨折や外科手術は、やった記憶がない。

小さいから用心深かったのかといわれるとそうでもない。打球に顔から突っ込んでいって、今中さんに「おまえ、ケガするぞ」とあきれられた話は前に書いたが、あれほどではなくても、いつもケガなどは考えず、全力で飛び込むプレーを心掛けていた。

「ケガしたらその時はその時だ」

無鉄砲だったし、体のケアもけっこういい加減だった。若さのなせる業《わざ》というところだ。

ケアはしていなかったが、自分の状態はどうかというチェックは怠らなかった。そうやってチェックしていると、だんだん変化を感じるようになる。

「あっ、来たな」

年齢による動きの変化などを感じるようになったのは三〇歳を超えたあたりからだ。具体的にいうと、柔軟性と疲労の抜け方にそれを感じた。実際のプレーの中でそれがもとで苦労したわけではないのだが、アップの時のストレッチで柔軟性が落ちてきたり、試合が続いたあとの目の覚め方に違いを感じたりして、「あっ、おれもそろそろ来たかな」と感じるようになった。そこからだんだんと体のケアにも気を配りだした。

マッサージの量を増やしたり、アップにそれまで以上に時間をかけたり、睡眠時間に注意するといったごく当たり前のことだが、それをやることで、「いつまでも若くないんだぞ」と自分に言い聞かせる効果もあり、ケガの回避にもつながった気がする。

三〇歳を過ぎると、全く不安なく試合に出られる、万全の状態というのは減ってくる。年に数えるほどといってもいい。でも、万全の状態というのは、実は落とし穴で、そういうときほどケガをしやすい。自分を過信して無理な動きをしてしまうこともある。

僕は、多少どこかが痛いぐらいでプレーするのがちょうどいいのではないかと思っている。無病息災ではなく一病息災のほうがいい。

チームに迷惑をかけるような「一病」ではまずいが、暴走に待ったをかけるぐらいの痛さ、不調だったらそのままプレーしたほうがいいし、実際そうやってもきた。

体重が落ちることには注意

体調を維持するために、今まで食べていなかったようなものを食べはじめたり、サプリメントを飲んだりする人もいるが、僕はそういうことはほとんどやらなかった。むしろ、食べる量に気をつけた。

食べものに好き嫌いはない。結婚したのが比較的遅かったので、それまでは、基本的にすべて外食だったが、ひとつの店に毎日通うというよりは、自分で考えて、いろんな店の中から、その日の体調や好みに合うような店を選んで出かけていた。とはいっても、店に入ってしまえば全くのお任せ。カロリーがどうだとか、ビタミンがどうとか気にかけたことはない。食べたいものを食べる。食べたいものが自分に必要なものだと考えていた。

なにを食べるかよりも僕が注意したのは量のほうだ。ともかくいっぱい食べること。しっかりたくさん食べられる時は体調がいい、持て余すような時は体調が悪い。量をひとつの目安にしていた。

たくさん食べて太ってしまったのでは話にならないが、僕は体重が増えて悩んだことはない。かえって減るほうが心配だった。

自分のベスト体重は七三キロぐらい。試合をすれば、それが少し減るものだが、回復力もあるので、次の日はだいたい基準の七三キロに戻っている。ところが、時には基準の七三キロまで戻らないことがある。そうなると、僕の場合は、そこから試合のたびにどんどん体重が減っていってしまう。今はそんなことはなくなったが、若いころは試合が続くと七〇キロを切ってしまいそうになる時もあった。

七〇キロを切ると、体力的にかなりきつい。だからひたすら食べた。試合のあとに食事をして家に戻り、一息入れて寝る前にまた思い立ってなにか食べるなんていうこともやった。ダイエットをしている人から見たら卒倒しそうな食生活だが、悪い影響はなく、それで体重が維持できたんだと考えている。

今は七五キロぐらいになることもあるが、それで動きが落ちることもないし、ずっとそのまま増え続けることもないので、あまり気にしない。妻が作ってくれたものをともかくしっかり食べる。さすがに夜中になにか入れることはなくなったが。

年齢に順応して無駄をなくす

三十代から体のケアに気を配るようになったが、練習のやり方はほとんど変えなかった。僕はシーズン中はほとんど練習しない。練習といっても、技術を磨いたり、維持したりするようなトレーニングということだが。やるのはコンディションを維持するための練習だ。打撃の調子が下がったからといって、むやみに打つ本数を増やすといったようなことはあまりしない。

守備に関しては、シーズン中に特守をするような一軍の選手はほとんどいないわけで、僕も特別なことはやらない。だいたいキャンプの時点で「今シーズンはこんな練習をしてシーズンを乗り切ろう」とプランを練り、その準備をする。試合で全力を出すことが大事で、練習のための練習なんか意味がない。

年齢による衰えはだれにも避けようがない。自分のプレーも、守りでいうと打球への反応では時々、「若いころとは雲泥の差だなあ」と苦笑いしてしまうこともある。かといって若いころのようにやみくもに打球に飛びついていっても、その差は埋められない。

だから、大事なのは無駄をなくすということに尽きる。若いころは速く、ダイナミックに動こうとする。大きく派手な動きができる体の力もある。でも、三十代も後半になると、そういう能力はなくなっている。だから動き出しのタイミングやポジション取りで無駄をカットしなければならない。

若いころの動きを車にたとえれば、アイドリングしてエンジンを温めておいて急加速で発進するようなものだった。でも、今はエコカーみたいにスッとトップに入るようなさりげない始動が必要で、その技術はなんとか身についたのではないか。

守備では相手によって対応を変えない

相手に合わせたプレーも大事だといわれる。でも、僕は守備の場合が特にそうなのだが、相手によって細かく対応を変えるというようなことはない。

たとえば、一塁に足の速い選手がいる時とそうでない時とで、あるいは厳しいスライディングをしてくる選手とそうでない選手の時とで、対応を変える人もいるかもしれないが、僕はあまり変えない。

足の速い、遅いぐらいは頭に置いておくが、速い選手がいつもいいスタートを切って紙一重のタイミングで飛び込んでくるわけでもないし、スライディングのきつい選手がアタックしてこない時だってある。

先入観や情報だけに支配されると、臨機応変の対応がかえってむずかしくなる。自分のほうで無駄のない動きが維持できていれば、だいたいのことは対応できる。サプリメントなども同じだが、あまり情報だけであれこれ考えてしまうと、野球選手としての勘が鈍くなってしまうのではないか。

野球のアウト、セーフは百分の一秒で決したりする。百分の一秒を詰めるためには準備とともに、感覚も大事だ。感覚を研ぎ澄ましておくことは、情報をやたらと集めたりするよりも大事だと僕は信じている。

シーズンを棒に振ることになった病

ケガで長く戦列を離れたのは二〇一三年のドラゴンズの最後の年ぐらいで、骨折や肉離れはあったが、重いものではなかった。ただ、病気で長く試合に出られなかったことはある。二〇一〇年のシーズンだ。

この年はレギュラーになってはじめて規定打席に到達することができず、たった五十三試合の出場に終わった。理由は目の病気である。

症状が出はじめたのは前の年の二〇〇九年のキャンプの時だった。右目が妙に光をまぶしく感じたり、うまく開かなくなったり、真っ赤に充血したりといった状態が時々出るようになった。

病院に行って見てもらうと、上皮角膜ヘルペス（ヘルペス性角膜炎）という診断を受けた。ヘルペスウイルスが角膜、いわゆる黒目の部分に感染して、まぶしさやゴロゴロした感じ、涙などが出て見えづらくなるのだという。光に対する反応が過敏になり、サングラスなしで太陽の下にいるのがつらくなる。深いところまで侵されると、視力が低下し、ひどい時には見えなくなることもある病気だという。

右目だけの感染だったが、野球は微妙な距離感なども大事なので、片方が見えない状態ではプレーに大きな支障が出る。とりあえず薬をもらい、回復を期待しながら練習を続けた。最初の症状は開幕のころには消えて、二〇〇九年のシーズンは特に支障もなく終わった。この年、僕は状態がよく、全試合に出場して、打率も三割を超え、充実したシーズンだった。

ところが、〇九年のオフになるとまた症状が出た。この時も薬である程度治ったが、完治とまでは行かなかった。ときどき症状らしきものが現れるのだ。そのまま二〇一〇年のシーズンがはじまった。

この年、僕はチームの方針で、荒木とポジションを入れ替わることになっていた。レギュラーになってからはほとんど守ったことのない二塁にコンバートされることになったのだ。二塁は大学の四年間、ずっと守っていたので、コンバート自体にはそれほど不安はなかった。ただ、荒木や内野全体との呼吸を合わせることはきちんとやっておかなければならなかったし、なにより目のほうが、いつまた症状が出るか不安で、なかなか野球に集中できなかった。

治療法を求めて全国を回る

開幕して二カ月ほどたった六月のはじめ、心配していた目の症状が現れた。だんだんひどくなり、ほとんど片目で見ている状態になってしまった。

診察を受けると、それまでの炎症が比較的表面で治まっていたのに対して、今度は黒目の深いところまでいってしまっているという。最初に診断を受けた時には、黒目のほうまでいかないように注意しないと、と言われていたので、この診断を受けた時はショックだった。

右目は焦点が合わず、ずっとかすんでいるような感じで、まぶしさを強く感じる。明らかに前の二回の時よりも悪くなっていた。

当然プレーはできないので、登録は抹消され、治療に専念することになった。

それまで二回の発症は治ったように見えても、完全には治っていなかったようだ。そして決定的な三回目。今まで使っていた薬をもらってもあまり変化がない。すぐに絶望したりはしなかったが、時間がかかるぞと覚悟はした。正直にいえば、「選手生活も考えないといけないな」と思ったのも確かだ。

この年はコンバート以外にも生活で大きな変化があった。前の年のオフに結婚したのだ。二回目の発症のひと月ほど前のことだ。二回目の発症の時は、オフのうちに完全に治しておこうと、丸一カ月、毎日病院に通った。新婚早々、夫が毎日病院通いになってしまったので、妻もさぞ戸惑ったことだろう。

三度目の発症のあと、登録を抹消して治療に専念した。最初から診てもらっていた病院に通うだけでなく、いいといわれるところにはできる限り行って診てもらった。

名古屋だけではなく、全国を巡った。九州、四国、関東から北海道まで。病院を信頼していなかったわけではない。実は病院も最初のところでは大丈夫だろうかと思って、違うところの診察を受けてみたこともある。でも、最初に見てもらった先生に比べると、ちょっと信頼度が落ちる感じがして、病院は同じところに通い続けた。くわしいことはわからないが、その病気に関しては全国的な権威のひとりだということだった。

だから、全国を回ったのはどちらかというと民間療法的なところが多かった。仙人みたいな人に会いに行ったこともある。

山の中で、ちょっと見ると怪しい人が待っていて、「気で治す」みたいなことをいう。病気になっていなければ、信用するのがむずかしいような人だ。でも、その時は頼りもしたし、期待もかけた。

「むしろこういう治療を受けたほうが、急激によくなったりするんじゃないか」

病院での治療の傍ら、そんな人のところもいろいろ訪ね歩き、効果があったと思われる人にも出会うことができた。

六月から登録を外れ、治療に歩き回った。夏はほぼ目の病気との闘いに費やした。

九月に二軍で出場

野球のボールは握らなかった。片方が見えない状態でボールを扱うのは危険があったし、症状の悪化につながるかもしれない。ただ、体を動かすことは八月ぐらいから始めた。民間療法を試したりして、少しずつではあるが改善の兆しが感じられたからだ。

ある朝急によくなっていたなんてことになれば嬉しいのだが、実際にはそうはいかない。

でも、完治を待っていたのでは復帰に時間がかかりすぎる。見切り発車みたいな感じで、九月に入るとボールを持った練習もはじめ、九月の末には二軍の試合に出てみた。

二軍の試合は昼間がほとんどだ。まぶしさが厄介な病気なので、天気に合わせてメガネをかけたり、サングラスをつけたり。このまま病気と付き合いながら選手生活を続けるなら、メガネにも慣れておく必要がある。予行演習みたいなつもりで、いろんなメガネを試したりした。本当はコンタクトレンズをつけてプレーするほうが野手としては都合がいいのだが、この時はまだコンタクトを目の中に入れるのはむずかしかった。

七月に短い期間、一軍に戻ったことはあったが、すぐに無理という結論になり、そのシーズンはずっと二軍で過ごして、最終戦だけ一軍に戻った。

次の年、二〇一一年もメガネをかけてキャンプをやった。開幕してからもしばらくはメガネ。ただ左右の視力のバランスが悪くメガネで矯正するにも限界がある。時々ものがダブって見えたり、ボールの遠近感がなくなったりしてあわてた。コンタクトにすれば調整がかなりできるようになるので、目の状態をそこまで持っていくことが目標になった。

六月ぐらいになると、なんとかコンタクトがつけられるようになった。もちろん、症状が出なくなったというだけで、完全に目が元の状態に戻ったわけではない。影響は守備よりも打撃に現れ、この年はプロに入って最低の打率で終わった。でも、なんとかシーズンの最後まで一軍にいて一〇四試合に出場したことで、野球をやっていく自信を取り戻すことができた。

妻は〝命〟の恩人

じつは僕は二〇一〇年のシーズンが終わった時点で野球を辞めようと考えた。三回目の症状が出て、それも深いところまで炎症が及んだことで絶望感がひどかった。

ひじが痛い、肩を痛めたというなら、注射をバンバン打って治るのを待つ、手術を受けてリハビリをやるといった選択肢がある。僕もそっちの問題なら辞めるなんて考えもしなかったろう。

でも目や内臓の病気は違う。肩やひじを痛めても、野球を辞めてしまえば、そのあたりの痛みは出ないだろうし、日常生活にも支障はない。しかし、目となると、野球どころか、日常生活を満足に送ることができなくなるかもしれない。

実際、治療の効果が上がらない時は運転も満足にできず、家でじっとしているしかなかった。そういう時にマイナス思考になるのは仕方ないだろう。

三回目の症状が現れた二〇一〇年の夏、僕は妻と話し合いをした。辞めたい気持ちが強くなり、妻にその気持ちを伝えたのだ。回復がおもわしくないこともあったが、治療そのものへの疲れもあった。

飲み薬の量を調節したり、塗り薬を塗るタイミングを気にしたり、微妙な箇所なので、治療には神経を遣う。かならず治るのならいいが、先が見えない中で、神経を疲れさせながら治療するのは精神的に耐えられそうにないと思った。野球を辞めてしまえば、すぐに治るかどうかは別として、復帰への焦りみたいなものは消える。少しは楽な気分で治療にも当たれるだろう。

そんな話を妻にした。妻は賛成しなかった。

「絶対辞めちゃダメ」

ちょっと意外だった。やるのも辞めるのも僕なのだから、僕の決心をすんなり理解してくれると思ったのに、かなり強硬に辞めてはダメだという。

僕が弱気になっていると思って、わざと強気の意見をいっているのだろうか。いや、もしかすると、僕の苦しさを本当にはわかっていないのではないか。いろいろ考えた。でも何度か話し合いをしても、彼女の意見は変わらない。それで彼女が心底僕に続けてほしいと思っているのだと理解した。

僕はそれまで彼女にあまり心配をかけたくないので、治療はひとりで出かけていた。でも、それからは、山奥の民間療法の先生のところにも彼女に一緒に行ってもらうようにした。そのほうが肉体的にも楽なのは当然で、早くからそうしておけばよかったと反省した。

文字通り先の見えない中で、僕があきらめることなく治療に専念し、野球への意欲を失わなかったのは、妻が寄り添ってくれたおかげだ。

もし妻が強く背中を押してくれなければ、僕は二〇一〇年シーズンで野球を辞めていた。三度目の発症から四年経った今も、まだユニフォームを着ているのは、彼女の励ましのおかげといってもいい。

現状でできることをやる

二〇一一年の途中からコンタクトレンズをつけられるようになり、状態は徐々に上がっていった。気になる症状も少しずつ現れなくなり、二〇一二年にはほぼ問題なくなった。治療の効果もあったが、「時が治してくれた」面もあったのかもしれない。

では完治といえるかとなると、何ともいえない。悪くなる前の状態と全く同じということはなく、コンタクトや薬の力を借りているうえに、太陽の下などでの注意は怠っていないからだ。

悪いなりに慣れてきたというのが正直なところだろう。時間をかけながら、悪いなりの状態の中で、プレーに支障の出ない感覚を身につけたということだ。

もし、僕が、「自分のベストの時はこれぐらいはできたのに、今はこれぐらいしかできない」と考える選手なら、症状が出なくてもかなりストレスがたまったのではないだろうか。でも、僕は、ベストに戻れないといって絶望するようなことはなかった。

選手生活をやっている以上、いつも満足なコンディションということはあり得ない。だいたいどこかに不調を抱えているものだ。だから、前と今を比較しても意味はない。今の状態の中でベストはどれかと考え、できることをやる。それが僕のスタイルだった。

そういう考えだから、体格的な面で劣っていても、それで悩むことは少なかったし、目の病気からも立ち直ることができた。

見方によっては理想が低いとか、野球に執着心がないとも思えるかもしれないが、僕が長く選手生活を続けてこれたのはそういう考え方によるのではないかと思っている。

ケガや病気になりたい人はいないし、すぐれた身体能力を持ちたいのも当然。でも、ないものねだりや起こったことをあれこれ考えるのは無駄なこと。

前に松井秀喜さんが「自分のコントロールできないことは考えない」といっているのを読んだことがある。松井さんも大きなケガを経験したし、メディアに叩かれたこともある。でも、それは自分の努力ではどうしようもないこと。だったらそれは考えないで、できることをやる。僕はそういう意味だと読んですごく共感したのを覚えている。

「徹底」を教えてくれた内田監督

自分でコントロールできないといえば、人との出会いもそうだ。たとえば、監督などは選手が選ぶことはできない。いい指導者にめぐり合うのは運で、自分の努力だけではどうにもならない。

僕は人との出会いに関しては、運に恵まれていたと思う。たとえば、シニアリーグの時、野村克也さんの目に留まらなかったら、たいして能力もなさそうな投手を続けて、高校ぐらいで野球を辞めていたかもしれない。

高校、大学、プロに入ってからと、いろんな監督のもとでプレーしたが、それぞれ影響を受けて、自分の野球生活の指針をもらった。誰が一番で、だれが二番などということはない。

どの人との出会いが欠けていても、自分の選手生活はできあがっていなかっただろう。

亜細亜大学時代の監督、内田俊雄さんからは「徹底」ということを教わった。内田さんは大学の四年間、僕にずっと同じことをいい続けた。

「なにかあるんじゃないかと思って試合を見ろ」

漠然と試合を眺めるのではなく、次になにが起こるかを想像しながら見る。投手の投げるのをただ見るだけでなく、走者がいたら頭はどんな動きをするか、グラブはどう動くか、細かいところまでしっかり注意して見ろ。試合の中には無限に教材が転がっている。それを見逃すな。いつもそう言われた。

打撃の技術では、反対方向に強い打球を打つことを徹底して叩き込まれた。僕の体格、能力からいって、中軸で大きな当たりを求められることはない。求められるとすれば、走者を進める打撃。ならば右方向へ強い打球を打つことを身につけろ。

正直、あまり同じことばかりいわれるので、「うるせえなあ」と思ったこともある。でも、試合を注意深く見ることも、右方向への打ち方を身につけることも、若いうちに徹底的にやってこそようやく身につくものだ。プロに入ってそれが大事だと気がついても、身につけるのはむずかしい。

僕もプロに入って、ようやく内田さんのいうことが「そうだったのか」とわかることが多くなった。しっかり見ていると、「あっ」と気がつくことがよくあった。徹底の効果が何年か経って現れてきたわけで、うるさいアドバイスも今は感謝しかない。

初めて一シーズン使ってくれた星野監督

ドラゴンズに入った時の監督は星野仙一さん。今よりも十倍ぐらい怖くて、口をきいたのは一軍に入って先発で使ってもらえるようになったころ。

星野さんは言葉よりも起用の仕方で僕にメッセージを送ってくれたような気がする。二〇〇一年のシーズン、僕は開幕から二番ショートで先発出場し、結局シーズン一四〇試合にフル出場した。前の年、九〇試合に出てはいたが、代走や守備固めも多く、二〇〇一年になってもまだレギュラーのレベルではなかったと思う。それでも一年間使い続けてくれた。もし、結果によって出たり出なかったりといった起用のされ方をしていたら、レギュラーに定着するのにもっと時間がかかっただろう。

一四〇試合使ってもらったことで、自分の足りないところがよくわかった。一番は体力のなさ。走ったり打ったりする体力ではなく、一年を通して、落ち込んだりせずタフにプレーする精神的な体力の強さがないと痛感した。ショートはミスをすれば失点につながりやすいポジションだ。求められる要素も多い。でも、ミスをしたからといって、次の試合にまで引きずっていては、一年を通して戦うことはできない。

精神的な体力をつけるにはどうするか。坐禅やカウンセリングで強くなるというものでもない。結局は技術を磨き、余裕を持ってプレーするしかない。技術があれば精神的に追い詰められることもないし、ミスをしても立ち直るのが早い。一年を通して使ってもらってそのことに気がつき、それからあとの練習は心構えにだいぶ違いがでてきた。

自主性を認めてくれた山田監督

星野さんのあとに監督になられた山田久志さんは、投手出身ということもあり、レギュラーの野手に対しては「おまえに任せる」という感じで、自主性を重んじてくれた。自分の年齢も二十代半ばにさしかかっていたし、一軍を争うという感じでもなかったので、自主性を認められてありがたかったし、開幕に合わせたマイペースの調整をすることができた。

自分が乗ってきている時に、型にはまった練習をさせられたりすると、いやけがさすものだが、その点、山田さんのもとでは気持ちよく自分を磨くことができた。

落合博満監督に関してはいろんなことがありすぎて、どれがどうだとかは簡単にはいえない。

「井端のサードゴロが収穫」

あのひとことが自分の選手生活、時に打撃面での大きな支えになったことは前にも書いた。でも、単に技術面の確信が持てたというだけではなく、正しいと思ってやっていることはかならず見てくれている人がいるという自信も植え付けてくれた。

「あれはダメだ」と指摘する指導者は多いが、「あれでいいんだよ」といってくれる指導者はあまりいない。欠点を指摘するだけで、処方箋を書いてくれないのは診断を下しても薬はくれない医者のようなもので、診断されるほうとしてはあまりありがたくない。

守備の面ではなんといっても高代延博さんと久慈照嘉さん。お二人の話は前に書いたので繰り返さないが、この二人の存在が内野手井端の大部分を作ったといっても大げさではない。

内野のすべてのポジションにつく

今、僕はジャイアンツのユニフォームを着ている。原辰徳監督はこれまで僕がプレーしてきた監督の中で一番若く、気持ちの面では近いものを感じる。

原監督にはこちらが考えもしなかった起用をしてもらい、いろいろな発見もあった。ジャイアンツのユニフォームを着る時、自分の役目は内野の守備固めか代打、代走が中心だろうと思っていた。もちろんレギュラーをねらう気持ちがないわけではなかったが、前の年の足の手術からの回復は百パーセントとは言えず、レギュラー争いに加わるには時間が必要なことはわかっていた。

シーズンがはじまると、やはり起用は予想した通りだった。ただ、予想外だったのは、内野の守備固めに入る時、三塁や一塁での出番もあったことだ。三塁はこれまでの十六シーズンで六試合だけ出たことがある。刺殺三、補殺六、失策なしというのが記録のすべてだ。ほとんどやったことがないといってもいい。一塁にいたってはただの一度も守ったことがなかった。

だから起用された時はびっくりした。でも、うれしくもあった。選手層の厚いジャイアンツでは、三塁も一塁も、ほかに守れる選手はいる。それでも、先発でないとはいえ、僕を起用してくれた。その信頼がありがたかった。

内野のすべてを守ったことで、今まで気づかなかったようなことにも気づくことができた。これは今だけではなく、将来にわたっても自分の財産になるのではないかと思っている。

緊張と集中を最も求められるポジション

あらゆるポジションには、それぞれの特徴と守らなければならないセオリー、基本みたいなものがある。それはあとで触れるとして、内野全部を経験して、改めて気づいたことがある。それは、ショートが好きだということ。自分はやはりショートを守るのが好き、内野手というより、遊撃手井端と見てもらえるのが一番ということに気づいたのだ。

慣れていて、楽にこなせるからではない。逆だ。一試合通して守るとしたら、肉体的に一番きついのはショートだ。捕球位置から一塁までの距離は一番遠いから、捕球から送球まで無駄なく速い動きが求められる。

野手は、打球が飛んできてもこなくても、一球ごとにスタートする体勢を作っておかなければならないが、ショートは時に集中してスタートを切っておかないと、ちょっとした出遅れが命取りになる。一試合百五十から二百球が投じられる長い時間で、スタートを切り続けるのは楽なことではない。

自分の経験では、打球が飛んでくるほうが楽で、しばらく飛んでこない時のほうが疲れがたまる気がする。打球を次々さばくのは、動きこそ大きいが流れの中でやっているので、あまり疲れないものだ。

肉体的にも精神的にもしんどいポジションなのになぜショートが好きなのか。もちろん大事な役目を担っているからということはある。

ほかには、学生の時に身につけたことと関係があるかもしれない。大学の時、内田監督から、「なにかあるんじゃないかと思って試合を見ていろ」とくりかえし言われた。なにか起こるのではと注意しながら試合に入り込む。その習慣ができているので、ショートは一番居心地がいいのだ。

内野のほかのポジションでも、集中は求められるがショートほどではない。緊張と集中力の中でプレーすること。自分の野球選手としてのやりがいをそこに感じることが多い僕にとって、ショートは最高のポジションだ。

サードでは動きだしを一呼吸我慢

とはいっても、ほかのポジションに入った時は気楽にやるということではない。一番長くやったショートに比べると、ほかは機会も少ないし、極めるほどの蓄積もないので、大きなことは言えないのだが。

ジャイアンツに来てからは二塁に入ることが一番多いし、ドラゴンズや大学の時の経験もある。二塁は第二の故郷みたいなものだ。ドラゴンズ時代、コンバートされた時、ターンの方向などが逆になるのでむずかしい、本来のショートに戻すべきだといってくれた人もあったが、僕はそんなにむずかしさは感じなかった。

送球の距離が短くて済むし、一塁手がベースに入るのを確認してから送球しても間に合うので、気分的には余裕がある。ショートでは、一塁手を確認していたら、相手に駆け抜けられてしまうので、すぐに送球しなければならない。

だから僕は二塁にコンバートされた時も、特別に練習するようなことはなかった。

サードはジャイアンツで久しぶりに守ってみて「我慢が必要なポジション」だと感じさせられた。ショートやセカンドだと打った瞬間から体を動かしていかないと打球を処理できない。ところがサードの場合は打者からの距離が近いので、打ったタイミングに反応して動いているとボールが来てしまう。

だったらもっと速く、予測で動くのではと思うかもしれないが、僕の感覚では、動くよりも一呼吸動き出しをがまんしてボールを待ったほうがきちんと処理できるように感じる。特に正面の当たりは下手に速く動いてはかえってミスにつながる。これは思いがけない発見だった。

ほかの三つのポジションに比べると、一塁は一番楽だと思っていた。ところがやってみると大違い。人の送球を捕るのがこんなにむずかしいものかと痛感させられた。

だいたいは捕れる範囲に投げてくれるので、それをミットに収めるだけだから苦労はないだろう。最初はそう思ったのだが、野手にはそれぞれ送球の球筋みたいなものがある。肩が違えば速さも違う。ボールから目を切ってベースに入っていては、個々の送球の違いに対応できない。やはり、送球の瞬間にきっちり意識を集中させておくことが大事なのだ。

全部やってみて、当たり前の話だが、楽なポジションはひとつとしてないと改めて悟った。外野の経験もあるが、外野には外野のむずかしさがある。でも、そこを究めていくのがプロとしての楽しみでもある。

やっぱり基本の積み重ね

「守備がうまくなるにはどうしたらいいですか」

子どもたちの野球教室などに行くと、よく質問される。でも、ワッと受けるような答えをするのはむずかしい。

「基本を繰り返し練習することだよ」

ごくごく当たり前の答えになってしまう。でもやっぱりそう答えるしかない。前に「アライバ」の種明かしをした。荒木が捕球して僕にトスし、それを僕が一塁に送球して打者走者をアウトにする。トリックプレーや受けねらいみたいに見えても、あれは併殺プレーの走者がいないバージョンにすぎない。ごく基本的なプレーの変形なのだ。

捕球や送球も同じ。しっかり股を割って、打球を正面で捕って、すばやく投げる。シングルキャッチを否定するわけではなく、実際のプレーでやるのは問題ないが、あくまでも補足みたいなもので、僕は昔からの基本的な捕球、送球の積み重ねが大事だと思っている。

ただ、練習は生きた球を受ける中で、ほかの野手と動きながらやることが大事だ。きわどい打球に飛び付くような練習ばかりして、グラウンドでの連係をやっておかないと、ほかの野手と衝突してケガをするようなこともある。練習のための練習ではなく、実戦を通しての練習が大事だ。

守備への執念は絶やさない

僕の通算安打は千八百本あまり。

「二千本安打も夢じゃなくなってきたね」

そんなふうに励ましてくれる人もいる。僕も全く意識しないわけではない。到達できれば嬉しいことは確かだ。でも、打撃だけに注目されるのはどうかなと疑問を感じることもある。メディアの取り上げ方を見ていて感じるのは、打撃への注目が年々高くなっていることだ。

宮本慎也さんや石井琢朗さんのような守備の名手も、守備の記録や技術で騒がれることはほとんどなく、注目されたのは二千本安打達成の時だった。宮本さんのように大学を出て、社会人まで経験しながらなおプロで二千本というのは確かにすばらしい記録だが、僕は宮本さんの価値はやはり守備にあったと思う。

僕などもそう。というより、僕から守りを取ったら何も残らない。安打の積み重ねは確かに胸を張れるが、それだって、守備で評価され、出場機会を与えられたからこそ積み上げられた数字なのだ。

プロに入って、次に首を切られるのは自分かもしれないと危機感を抱いた時、命綱にしたのが守備だった。その経験があるので、守備への信頼というか、信仰は厚い。守備さえできるようになればあとは打撃に専念できる。その逆だと、いつまでたっても守備と打撃のバランスはよくなっていかない。自分だけでなく、多くの選手を見てきてそう感じる。

だからこそ、守備を磨くことには執念を持っているし、もうこれで終わりということもない。

「あのプレー、すごかったな」

帰り際、お客さんが口に出して語り合うようなファインプレーを見せること。それが生きがいだし、そのためにはまだまだやらなければならないこともある。

幸い、昨シーズンに手術した個所はほとんど問題なくなったし、目も良好な状態がつづいている。

二〇一四年のはじめは控えがほとんどだったが、シーズン後半には先発の機会も増えたし、いいところで、チームに貢献することもできた。やる以上はレギュラーを。もう、無理だろうという周りの常識を覆すようなプレーを見せていきたい。

〝ピンポイント出場〟の難しさ

手術とそれに伴うリハビリ、そして移籍と二〇一三年のシーズン末からオフにかけてはいろんなことがあった。野球をつづけられるのか、辞めてしまおうかと真剣に考えたこともある。

ジャイアンツの一員としてキャンプに臨んだころも、体調への不安はなかったわけではない。回復の度合いが一進一退で、実際の試合の中でどれぐらいのプレーができるのか、なかなか手掛かりがつかめなかったのだ。

でも、いざシーズンがはじまり、試合がつづくうちに、そういう心配はだんだん消えていった。心配したほど手術の影響もなく、肉体的にはそれ以前とあまり変わらない状態でグラウンドに立つことができた。

ただ、戸惑ったこともないわけではない。僕は入団四年目にレギュラーポジションを取り、そのあとはケガでもない限り、ほぼ先発出場してきた。控えでの経験があまりない。しかし、ジャイアンツでは基本的に控えで、代打や守備固めでの出場という起用法が多かった。

球場に行っても、「今日は試合に出るのかな」と思いながら練習するのは落ち着かない。出るのか出ないのかと考える毎日で、精神的な疲れがたまった。

それでも、そうした立場にも徐々に慣れた。シーズン中に起用法の変化があったのも大きかった。オールスター明けの八月、十試合あまりスタメンで起用してもらった。ちょうど体調も上向きになっていたころで、先発出場して複数回打席に立ち、守備もそれまでより多くボールをさばくことができ、レギュラーだったころの感覚を取り戻すことができた。

野球では途中出場やピンポイントの出場ではわからないことがけっこうある。走者なしで立つ最初の打席とチャンスで入る打席とでは相手の攻めも違ってくるし、それを読みながら対応していく醍醐味もある。

プロ野球の場合は三連戦でひとつのカードというのが基本単位だが、三連戦の中で、相手の配球が変化したり、相手の打球方向や走塁のサインが違ってくることも多い。そういう流れに対する感覚は、ピンポイントの出場だけではなかなか取り戻すことができない。スタメンで起用してもらったことはそういうプロ野球特有の感覚を取り戻すうえでありがたかった。戻った感覚は、スタメンから外れる試合が増えても消えることがなかった。レギュラーの感覚を取り戻すことができたのだ。

再び味わった一勝の重み

今年は野球の難しさ、面白さを改めて感じさせられたシーズンでもあった。印象に残っているのは交流戦でのバファローズとの対戦だ。相手は沢村賞を受賞した金子千尋。今、国内で最も攻略が難しいといわれる投手だ。その金子にジャイアンツは完ぺきに抑えられ、九回をノーヒットノーランで抑えられてしまった。それでも、ジャイアンツの投手陣も踏ん張って、相手に得点を許さず、試合は延長に。そして、あとひとりがアウトになれば引き分けという十二回裏、亀井善行のホームランが飛び出してジャイアンツはサヨナラ勝ちすることができた。

一方的に押され、何度も負けを覚悟しながら土俵際で粘り、最後の最後でサヨナラ勝ちする。この試合、僕は出場機会がなかったが、自分の選手生活の中でも強く印象に残る試合になった。

もうひとつ、忘れられないのはクライマックスシリーズだ。タイガース相手によもやの四連敗でジャイアンツは日本シリーズ進出を逃した。〇勝四敗という結果だけを見れば、完全に圧倒されたように見える。しかし、ひとつ勝ちさえすればシリーズ全体はどう転んでいたかわからないというのが僕の実感だ。僕は二年前のドラゴンズ時代、クライマックスシリーズで三連勝しながら三連敗（アドバンテージを加えると四敗）して日本シリーズを逃した経験を持っている。その時は、一敗してもまだ圧倒的に自分たちのほうが有利なのに、空気が一変した。ジャイアンツも三連敗したあと、ひとつ勝っていれば、雰囲気は一変したのではないか。正直レギュラーシーズンで七ゲーム差をつけて優勝したように、タイガースとは力の差を感じるようなことはなかった。それだけに大舞台での一勝の重みを教えられた。

クライマックスシリーズでは苦い思いをしたが、リーグ優勝を果たしたチームの力になることはできたと思っている。ジャイアンツのように常に優勝争いを演じるチームに来ることができて、ほんとうに幸運だった。長くいたドラゴンズにも愛着があるし、いい経験をさせてもらった。だが、ジャイアンツにはドラゴンズにはなかった、感じることができなかった要素がいくつもある。毎年優勝を期待されること、その中で自分のプレーをやり遂げること、メディアの注目の中で自分らしさを忘れないこと。勉強させられたことは多い。将来、どういう形で野球に関わるかなんて、まだ考えたこともないが、今年の経験が役に立つことだけは間違いないだろう。

守備のおかげで打撃に専念

僕はプロ野球選手としての自分があるのはなんといっても守備のおかげだと思っている。この本のタイトルを「守備の力」としたのは、そういう守備の意義をほかの選手以上に実感しているからだ。

僕は入団二年目を終えて、プロ野球選手としての崖っぷちにあると感じた時から、ひたすら守備を磨くことを意識し、練習を積んできた。その結果、ある意味〝楽な〟野球人生を送ることができた。

なんだ、守備さえやっていればほかは手抜きできるということか。井端もけっこういい加減だな……そう思われては困る。僕がいう「楽な野球人生」は手抜きができる、いい加減でも務まるという意味ではない。

僕は体格からいっても、パワーからいっても打撃を期待される選手ではなかった。とはいえ野手である以上、「打撃はダメです」ではもちろん済ませられない。当然、チームに貢献できるように練習の時間を割かなければならない。若いころ、守備を磨いたおかげで、守備の苦労は消えていた。その〝余った時間〟を打撃練習に振り向けることができた。プロで通用する打撃をなんとか身につけることができたのは、守備を磨いたおかげなのだ。もし、最初から守備も打撃もと「二兎を追って」いたら、十年、十五年とプレーすることはできず、中途半端な選手として消えていただろう。

守備の練習は面白くない。ほかの人より多少は練習したつもりの僕がいうのだから間違いない。面白くないからみんな守備の練習をしないのだ。僕だって、バットを持って気持ちよくいい当たりを打つ練習をしているほうがずっと楽しい。でも、みんながやらない、面白くない練習をやりつづけたからこそ選手としての幅が広がった。

打撃の弱い僕が、まず守備を磨いたのは一見遠回りのようだが、実はレギュラーになってポジションを守りつづける近道だったのだ。

前例の少ない挑戦

僕は来シーズン、四〇歳になる。でも、年齢的な衰えを意識するようなことはない。リハビリを経た後のシーズンを、なんとか乗り切ることができて、体力面ではむしろ自信がついた。プレーする以上は、控えに甘んじるつもりはない。めざすのはあくまでもレギュラーだ。

プロでは一度レギュラーを外れた選手が復活してレギュラーを取るというケースはあまりない。特に内野手の場合は足と肩の衰えは致命的なので、そこがネックになってレギュラーを外れた選手はまずポジションを取るのはむずかしい。

でも自分はそのむずかしいことにチャレンジしてみようと思っている。あまり例のない四〇歳の内野レギュラー。しかも前の年は代打や守備固めがほとんどだった選手の復活。これはやりがいのあるテーマだ。

その時、僕の支えになるのは、若いころから磨きつづけた「守備の力」であることは間違いない。

井端弘和（いばたひろかず）
1975年神奈川県生まれ。堀越高校、亜細亜大学を経て'97年、ドラフト五位で中日ドラゴンズ入団。2001年からショートのレギュラーに定着。荒木雅博との二遊間、打順一・二番コンビは〝アライバ〟と呼ばれ親しまれた。'10年、荒木雅博と入れ替わる形で二塁手へコンバート。'13年の第三回WBCでは勝負強い打撃で決勝ラウンド進出へ貢献し、大会のベストナインに選出。同オフに読売巨人軍へ移籍。'14年は、内野の全ポジションを守り、守備の要として活躍。リーグ優勝に貢献した。

守備《しゅび》の力《ちから》

2014年12月15日初版1刷発行

著者 —— 井端弘和
発行者 —— 駒井稔
装幀 —— アラン・チャン
印刷所 —— 堀内印刷
製本所 —— 榎本製本
発行所 —— 株式会社光文社
東京都文京区音羽1-16-6(〒112-8011)
http://www.kobunsha.com/
電話 —— 編集部03(5395)8289 書籍販売部03(5395)8116
業務部03(5395)8125
メール —— sinsyo@kobunsha.com

 ISBN 978-4-334-03832-8

光文社新書

728
ギャンブル依存国家・日本
パチンコからはじまる精神疾患
帚木蓬生

日本人のギャンブル依存有病率は、なんと4・8%、536万人にのぼる（厚労省発表）。ギャンブル障害の実態と利権構造を徹底追及し、ギャンブル漬けの日本に警鐘を鳴らす！

978-4-334-03831-1

729
守備の力
井端弘和

ドラフト5位の小柄な選手が17年間やってこれた理由とは？守備の極意をはじめ、イメージを覆す打撃論も披露。最強軍団でもレギュラーを目指し、挑戦をやめない名脇役の野球論。

978-4-334-03832-8

730
死体は今日も泣いている
日本の「死因」はウソだらけ
岩瀬博太郎

犯罪見逃しや死因判定ミスが止まらない日本。その一因は旧態依然の死因究明制度にある。解剖、CT検査、DNA鑑定など法医学者の仕事に迫り、知られざる社会問題をあぶり出す。

978-4-334-03833-5

731
やきとりと日本人
屋台から星付きまで
土田美登世

やきとり屋でなぜ豚・牛もつが出てくるのか？驚きの歴史を知り、屋台から老舗、一つ星まで、北海道から九州まで、多種多様なやきとりを味わう。全国70軒のお店を紹介！

978-4-334-03834-2

732
化学で「透明人間」になれますか？
人類の夢をかなえる最新研究15
佐藤健太郎

新しい物質を創り出せる唯一の分野「化学」の世界では、今どんな研究がどこまで辿り着いているのか…美、長寿、モテから病気の治療、薬、金・ダイヤ、宇宙旅行や環境分野まで紹介。

978-4-334-03835-9